DENISE JUDANT

DU CHRISTIANISME AU JUDAÏSME

Les conversions au cours de l'histoire

LES ÉDITIONS DU CERF
29, bd Latour-Maubourg, Paris
1981

ABRÉVIATIONS UTILISÉES

CSEL	*Corpus Scriptorum Ecclesiasticorum Latinorum*
JHSET	*Jewish Historical Society of England, Transactions*
JJS	*Journal of Jewish Studies*
MGH	*Monumenta Germaniae Historiae*
PG	*Patrologie grecque* de Migne
PL	*Patrologie latine* de Migne
REJ	*Revue des Études juives*
RHPR	*Revue d'Histoire et de Philosophie religieuses*
SC	*Collection Sources chrétiennes*

© Les Éditions du Cerf, 1981
ISBN 2-204-01711-6

DU CHRISTIANISME AU JUDAÏSME

Les conversions au cours de l'histoire

DU MÊME AUTEUR

Les Deux Israël, Cerf, 1960.
Judaïsme et Christianisme. Dossier patristique, Cèdre, 1969.
Jalons pour une théologie chrétienne d'Israël, Cèdre, 1975.

INTRODUCTION

L'origine juive de l'Église

Les premiers chrétiens étaient tous d'origine juive. Ils n'ont pas eu conscience, en donnant leur foi au Messie Jésus, d'abandonner la religion de leurs pères, ni de créer une nouvelle religion : pour eux, le judaïsme continuait, un judaïsme renouvelé par la venue du Messie attendu depuis si longtemps.

« Nous avons trouvé le Messie »,

dit André à Pierre (Jn 1, 41). Cette phrase est significative dans sa brièveté : les juifs croyants attendaient l'envoyé du Seigneur, celui qui avait été annoncé par les prophètes, et certains d'entre eux l'ont découvert dans la personne de Jésus de Nazareth.

Jésus est né juif, et s'est comporté toute sa vie en bon juif : il priait, allait au Temple pour les fêtes, célébrait la Pâque, et, dans l'ensemble, respectait les observances mosaïques. Toutefois, sa conception de la Loi était originale : il ne craignait pas de fréquenter les gens considérés comme « impurs », les publicains et les pécheurs publics (Mt 8, 10-13). Il avait osé conseiller à ses disciples d'abandonner les jeûnes rituels et les ablutions (Mt 9, 14-17 et 15, 2). Cependant, il semble bien qu'il les observait lui-même puisque ses adversaires l'accusent seulement d'inciter ses disciples à commettre ces manquements à la Loi sans le mettre personnellement en cause. En effet, les disciples enfreignaient la loi du sabbat (Mt 12, 1-2). Et Jésus en fit autant pour guérir un infirme (Mt 12, 9-13).

Son message donnait de l'Ancien Testament une interprétation nouvelle, plus large que celle transmise précédemment, mais qui n'apportait pas de bouleversement fondamental : il s'enracinait dans la tradition des prophètes qu'il citait abondamment. Il n'a donné son message qu'aux enfants d'Israël (Mt 15, 24), bien qu'il ait ouvert des perspectives universalistes, toujours dans la ligne des prophètes et d'Isaïe en particulier. Mais c'est comme à contrecœur qu'il guérit le serviteur du centurion et la fille de la Cananéenne (Mt 8, 5-13 et 15, 22-28). Il tenait d'abord à gagner les juifs, mais leur incrédulité s'opposait à la foi des païens, et c'est cette opposition qui incita Jésus à annoncer l'entrée des païens dans la foi au vrai Dieu (cf. Mt 8, 10-13).

Il a donné du judaïsme une interprétation différente de celle des pharisiens ou des sadducéens, mais il n'a pas aboli le judaïsme en tant que tel. Au contraire, il a lui-même protesté de sa fidélité à la religion d'Israël :

> N'allez pas croire que je sois venu abolir la Loi ou les Prophètes : je ne suis pas venu abolir, mais accomplir (Mt 5, 17).

Le renouvellement qu'il apportait dans certaines conceptions antérieures ne modifiait pas fondamentalement la religion des disciples : c'était la même religion, pratiquée seulement dans un esprit différent. L'accent était mis sur « l'esprit » et non sur « la lettre », sur les dispositions intérieures et non sur les pratiques extérieures (cf. Mt 5, 20-48 : « Il vous a été dit... Moi, je vous dis... »). L'enseignement de Jésus s'enracine dans la tradition juive.

C'est d'ailleurs précisément pour cela que les disciples le suivirent. Mais son comportement, si loin de celui qui leur paraissait digne du Messie, les déconcerta. Et surtout, sa mort ignominieuse les incita d'abord à croire qu'ils s'étaient trompés en le prenant pour le Messie. Sa résurrection les confirma dans leur foi, mais il fallut l'infusion du Saint-Esprit lors de la Pentecôte pour qu'ils comprennent vraiment comment le Christ avait « accompli » les promesses de l'Ancien Testament.

Dès lors, les Apôtres prêchèrent la foi en Jésus mort et ressuscité, mais toujours dans le cadre de leur propre foi juive. A l'exemple de Jésus, les Apôtres ne s'adressent d'abord qu'aux juifs. Ils continuent d'aller au Temple comme ils l'ont toujours fait (Ac 2, 46 ; 3, 1-8 ; 5, 12 et 42, etc.). Ils ne cessent donc pas de se reconnaître comme juifs ; bien plus, quand il s'avérera qu'une partie de leur peuple refuse de reconnaître en Jésus le Messie attendu, les judéo-chrétiens se proclameront les vrais juifs.

On sait qu'ils reçurent le nom de chrétiens à Antioche vers l'année 43 (Ac 11, 26). Mais il est certain que ce vocable ne fut pas immédiatement répandu ; pendant plusieurs décennies, les adeptes de la nouvelle foi se considèrent et sont considérés comme juifs. D'ailleurs, les Romains ne font pas de distinction entre les uns et les autres, et ce seront les juifs qui attireront leur attention sur la différence.

Selon l'expression employée par les Actes, il semble bien que, lors de la rédaction de ceux-ci, le nom de chrétien ne soit pas encore généralisé. Les exégètes ne s'accordent pas sur la date de cette rédaction. Or, il y a là précisément un indice concernant cette date que certains placent vers 68, avant la destruction du Temple qui semble n'avoir pas encore eu lieu. J.A.T. Robinson *(Redating the New Testament)* fait remonter cette date à 57-62.

En tout cas, Paul ne se sert pas du terme « chrétien » ; il semble même ne pas savoir comment nommer les disciples de Jésus pour les distinguer des juifs qui refusent la nouvelle foi :

Tous les descendants d'Israël ne sont pas Israël (Rm 9, 6).

Tous les juifs ne font pas partie du peuple de Dieu, Israël. Ou encore :

Une partie d'Israël s'est endurcie (Rm 11, 25).

C'est donc que l'autre partie, la partie chrétienne est, elle aussi, Israël. C'est d'ailleurs ce que Paul avait déjà dit dans l'Épître au Galates : c'est l'Église qui est « l'Israël de Dieu » (Ga 6, 16).

Les derniers textes du Nouveau Testament, l'Apocalypse, écrite vers 95, et l'Évangile de Jean, donnent aux seuls juifs incrédules la qualification de « juifs ». Et celle-ci s'est chargée d'une nuance d'hostilité envers ceux qui ont refusé la foi que Jean sait être la vraie, et qui ont persécuté ou persécutent encore les chrétiens.

L'auteur de l'Apocalypse a tellement conscience d'être dans la vérité du judaïsme qu'il va jusqu'à contester aux juifs cette appellation :

> Ils usurpent la qualité de juifs (Ap 2, 9 et 3, 9).

Toutes ces expressions du Nouveau Testament montrent que les Apôtres ont conscience d'être restés le véritable Israël. La même idée avait été exprimée par Pierre : les juifs ont failli à leur vocation, alors que les chrétiens forment le nouveau peuple de Dieu (1 P 2, 7-10). L'absence de dénomination précise pour les chrétiens explique la difficulté d'expression des Apôtres. Il y a désormais deux « Israël » : l'Israël de Dieu, l'Église (Ga 6, 16), et l'Israël selon la chair, les juifs qui refusent la foi au Christ (1 Co 10, 18).

Cette continuité avec l'ancien peuple élu explique aussi la difficulté primitive d'admettre les païens : il est évident que les Apôtres n'avaient pas entrevu cette extension du peuple de Dieu, extension annoncée cependant de façon voilée par Jésus. La décision de l'assemblée de Jérusalem entama le processus de séparation (Ac, 11, 1-18), puis surtout la destruction du Temple et l'excommunication prononcée à l'assemblée de Jabneh (ou Jamnia) par les rabbins juifs, vers 90-95, à l'encontre des judéo-chrétiens, provoquèrent la séparation définitive. Celle-ci ne devint donc évidente qu'à la fin du Iᵉʳ siècle. Pendant environ soixante-dix ans, la frontière entre les deux religions fut mal définie.

La différenciation s'esquissera à cause de l'attitude des chrétiens vis-à-vis des observances mosaïques. C'est par suite de l'entrée des païens dans l'Église et sous l'action directe de l'Esprit Saint, que Paul fut amené à percevoir que les observances mosaïques étaient désormais périmées et qu'il s'efforça, non sans peine, d'en convaincre les judéo-chrétiens. Cette exigence du christianisme n'avait pas été énoncée par Jésus : ses disciples n'étaient pas prêts. Il fallait qu'ils comprennent peu à peu que la foi au Christ s'enracinait dans la religion de leurs pères ; ce n'est que progressivement que les observances ont paru inutiles. Cette conséquence de la foi en Jésus Sauveur n'est apparue que lentement sous la pression des circonstances. Dès lors, un fossé se creusera entre chrétiens et juifs, et ceux-ci seront de plus en plus hostiles aux chrétiens.

Mais, à l'aube du christianisme, il est difficile de distinguer les uns des autres. L'Église primitive était à ce point enracinée dans le judaïsme qu'elle-même, à l'origine, eut des difficultés à établir une distinction, d'autant plus, nous l'avons vu, qu'elle ne savait comment nommer les premiers disciples de Jésus qui étaient aussi des juifs. Ceux-ci vivaient leur judaïsme selon l'enseignement de Jésus, et avait seulement ajouté la pratique de la « fraction du pain[1] » aux rites juifs.

Le problème du maintien de ceux-ci se posa dès l'entrée des païens dans l'Église. Ou, plus exactement, on fut amené à se demander s'il fallait soumettre les païens à ces observances. Ce fut l'objet du premier « concile » de Jérusalem, en 49. Celui-ci ne dispensa que les païens, mais le problème était désormais posé pour les juifs aussi. Certains entendaient conserver la loi de Moïse, et ce fut le cas de l'Église de Jérusalem ; d'autres, comme Paul, avaient vite compris que puisque cette loi ne pouvait être imposée aux pagano-chrétiens, elle ne devait pas non plus continuer à peser sur les judéo-chrétiens. D'autres enfin oscillaient entre les deux tendances. Ce fut le cas de Pierre, mais, peu à peu, la position de Paul l'emporta même pour les juifs. Toute-

---

1. Lc 24, 25 ; Ac 2, 42. On sait que c'est la première expression employée pour désigner l'eucharistie. Celle-ci a d'ailleurs été insérée par Jésus lui-même dans le cadre de la Pâque juive.

fois, il resta dans l'Église des judéo-chrétiens, soit des juifs conservant les observances de leur religion primitive, soit des néophytes d'origine païenne venus adhérer à un groupement judéo-chrétien. De même que l'obligation des observances pour les juifs disparut peu à peu, de même toutes sortes de degrés entre les pagano-chrétiens et les judéo-chrétiens de stricte observance rendaient la frontière bien difficile à tracer entre le judaïsme et le christianisme. Et le danger du judéo-christianisme, déjà dénoncé dans l'Épître aux Galates, persista pendant des siècles.

La question des observances était en effet capitale. Il ne s'agissait pas seulement de rendre la nouvelle foi plus facilement accessible aux païens que ne l'était le judaïsme ; c'était l'essence même de la foi qui était en cause : était-on sauvé par l'observance de la Loi qui comportait bon nombre de rites extérieurs, ou par la seule foi au salut apporté par Jésus ? Déjà, Justin s'était aperçu de l'enjeu de la question. Mais elle restera pendante durant des siècles, et Jérôme et Augustin en débattront encore au début du Vᵉ siècle[2].

Il semble que la rupture ait commencé à se dessiner entre 62 et 64[3]. Elle aurait eu pour origine l'influence des juifs sur l'impératrice Poppée, qui leur était favorable. Les juifs ne tenaient aucunement à ce que les chrétiens bénéficient du statut privilégié qui leur était appliqué dans l'Empire ; ils entendirent se distinguer des disciples de Jésus, et attirèrent l'attention des Romains sur la différence ; ils accusèrent même les chrétiens d'être fauteurs de troubles : ils reprenaient ainsi l'accusation qui avait été portée contre Jésus (Luc 23, 2-5).

---

2. Voir dans D. JUDANT, *Judaïsme et Christianisme. Dossier patristique*, Paris, 1969, la correspondance de Jérôme et d'Augustin à ce sujet. Cf. *infra* p. 21.

3. Cf. H. CAZELLES, *Naissance de l'Église chrétienne, secte juive rejetée ?* coll. Lire la Bible, Paris, 1968, pp. 104-105. Au sujet de la séparation progressive du judaïsme et du christianisme, voir M. SIMON, *Verus Israel,* Paris, 1964, et D. JUDANT, *op. cit.,* chap. I.

Dans la mesure où les chrétiens ne pouvaient plus observer le culte de l'Empereur, ils portaient atteinte à la *potestas romana*. Il est vrai que les juifs non plus n'observaient pas le culte impérial. Mais eux étaient considérés comme une nation particulière ayant des coutumes spécifiques ; la tolérance leur avait été accordée dans un but de pacification.

Il en allait tout autrement des chrétiens dont beaucoup étaient d'origine païenne : en abandonnant le culte impérial, les pagano-chrétiens étaient assimilés à des renégats, des déserteurs. Les juifs n'eurent donc aucune peine à achever de persuader les Romains de la nocivité de la foi chrétienne pour l'Empire. On sait les persécutions qui suivirent.

Le rôle des juifs dans les persécutions des chrétiens a été discuté, certains le jugeant considérable, d'autres le discutant et le minimisant (cf. James Parkes, *The Conflict of the Church and the Synagogue,* Londres, 1934). Marcel Simon pense avec raison qu'il ne faut ni l'exagérer ni le nier. L'attitude des juifs s'explique d'ailleurs aisément par les circonstances (cf. Marcel Simon, *Verus Israel,* pp. 145-154). Il est à remarquer que leur influence dans les persécutions a été soulignée par des écrivains romains (Sénèque, si l'on en croit saint Augustin cité par Th. Reinach, *Textes d'auteurs grecs et latins relatifs au judaïsme,* Hildesheim, 1963, p. 262, Tacite et Suétone).

Ce rôle politique des juifs fut assurément connu des chrétiens. Le fossé se creusait de plus en plus. Il était accentué par le fait que les chrétiens abandonnaient peu à peu les rites mosaïques. Ce qui avait été à l'origine une tolérance pour les païens convertis devint la règle générale : les chrétiens venus du judaïsme abandonnèrent eux-mêmes les observances rituelles, y compris la circoncision : elles apparaissaient non seulement inutiles, mais dangereuses pour la foi. Saint Paul l'avait déclaré aux Galates, en mettant l'accent sur le rôle premier de la foi par rapport à la Loi (Ga 3, 5). Il avait confirmé le même thème dans l'Épître aux Romains (chap. 3-5). L'Épître aux Hébreux avait repris la question en montrant l'inefficacité de la Loi et sa caducité (chap. 8-10).

Les chrétiens, aussi bien ceux venant du judaïsme que ceux venant du paganisme, s'éloignaient donc ainsi du judaïsme originel. Pour eux, la loi mosaïque était périmée : elle avait été un « pédagogue » (Ga 3, 24) pour conduire le peuple élu à la foi au Messie Jésus Sauveur des hommes. Les juifs considéraient cet abandon des prescriptions mosaïques comme une apostasie. Pour eux, l'observation de la Loi jusqu'à ses plus petits détails était la seule expression de la foi au Dieu qui avait donné cette Loi.

Des circonstances historiques incitèrent les juifs à mettre plus encore l'accent sur l'importance de la Loi. En effet, en 70, le Temple fut brûlé et détruit par les Romains. La religion juive s'en trouva complètement bouleversée : le Temple avait été le centre du judaïsme. Toute une partie des prescriptions vétéro-testamentaires s'écroulait, puisque les sacrifices rituels étaient devenus impossibles. Enfin, la prise de Jérusalem par les Romains amena une première dispersion des juifs, dispersion qui devait reprendre plus intensément après la seconde guerre juive. Les juifs se trouvaient donc dans une situation extrêmement difficile à la fois sur le plan politique et religieux. La vie même de la nation juive était menacée. Le Sanhédrin[4] se réunit une dernière fois à Jabneh de 90 à 135 environ. Il fallait prendre des mesures pour sauvegarder la foi juive. L'abandon par les chrétiens des prescritions mosaïques fut considéré comme sacrilège. L'assemblée de Jabneh décréta que les *Minim* seraient exclus de la synagogue.

On discute sur le sens exact du vocable *minim*. Il est certain qu'il désigne des hérétiques. Certains pensent qu'ils s'agit des seuls chrétiens, alors que d'autres estiment qu'il englobe tous les hérétiques[5]. Mais dans le

---

4. Dans le judaïsme tardif, le Sanhédrin était une assemblée de prêtres et d'anciens habilitée à légiférer, une sorte de tribunal.

5. D'après le rabbin Touati, les *minim* seraient des Hasmonéens. Les chrétiens considèrent en général que ce terme s'applique à eux-mêmes, et en particulier aux judéo-chrétiens, suivant en cela l'opi-

contexte du Ier siècle, il est évident que ce sont les chrétiens qui étaient les plus dangereux pour le judaïsme. Il nous semble donc probable que c'était bien eux qui étaient visés. Telle est l'opinion de saint Jérôme[6]. En excluant les chrétiens, les autorités religieuses juives refusaient de reconnaître en Jésus de Nazareth le Messie promis par les Écritures, et ils retranchaient les chrétiens du judaïsme.

De leur côté, les chrétiens abandonnaient de plus en plus les observances mosaïques. En outre, la communauté judéo-chrétienne de Jérusalem, celle qui les avait conservées et qui était comme un pont entre le judaïsme et les pagano-chrétiens, s'était réfugiée en 66 à Pella en Transjordanie, lors du début de la guerre juive qui devait aboutir à la destruction de Jérusalem. Elle était donc coupée du judaïsme. Le culte du Temple avait disparu, et avec lui le lien qui avait continué d'unir juifs et judéo-chrétiens. L'église judéo-chrétienne était comme noyée dans la masse des communautés paganochrétiennes, et son influence disparaîtra peu à peu. Le danger provoqué par les sectes judaïsantes accéléra le processus de déjudaïsation de l'Église chrétienne. La volonté délibérée des autorités juives, les événement historiques et le développement de la doctrine chrétienne conduisirent juifs et chrétiens à se séparer. Il y avait désormais deux religions, qui se réclamaient toutes deux de l'Ancien Testament. Or, cet Ancien Testament, juifs et chrétiens l'interprétaient de façon différente. Les juifs tenaient à conserver la religion de leurs pères. Si les événements les avaient obligés à abandonner le culte du Temple, du moins leur restait-il la pratique de la Loi. Cette Loi ne constituait-elle pas leur originalité ? En l'observant ils conservaient ainsi leur identité juive, et cela d'autant plus que les mariages avec les non-juifs étaient prohibés. Pour sauvegarder leur existence, les

---

nion de saint Jérôme. Büchler réfute cette théorie et soutient que les *minim* étaient des gnostiques ou des pagano-chrétiens *(The Büchler Memorial Volume, Studies Jewish Story,* Londres, 1956, pp. 258-271).

6. Cf. D. JUDANT, *Judaïsme et Christianisme,* p. 43.

juifs se replièrent sur eux-mêmes : après avoir excommunié les chrétiens, ils les ignorèrent et évitèrent soigneusement les contacts avec eux.

L'assemblée de Jabneh disparut vers 135, et dès lors il n'y eut plus d'organisme central dans le judaïsme. Un peu plus tard, du IIIe au Ve siècle, la religion juive telle qu'elle était devenue depuis la disparition du Temple fut codifiée dans les Talmuds, recueils des opinions des rabbins les plus écoutés.

S'appuyant sur le même Ancien Testament, les chrétiens voyaient en Jésus de Nazareth le Messie promis par les Écritures, celui qui avait établi l'alliance nouvelle annoncée par les Prophètes :

> Voici venir des jours — Parole du Seigneur —, où je conclurai avec la maison d'Israël et la maison de Juda une alliance nouvelle... Je mettrai ma Loi au fond de leur être et je l'écrirai sur leur cœur (Jr 31, 31-33).

De même Ezéchiel :

> Je mettrai en eux un esprit nouveau ; j'enlèverai de leur corps le cœur de pierre, et je leur donnerai un cœur de chair (Ez 11, 19).

Paul avait appliqué ces textes à la nouvelle alliance instituée par Jésus. Et il avait explicitement accusé les juifs de ne pas comprendre les Écritures :

> Leur pensée s'est obscurcie. Jusqu'à ce jour en effet, quand on lit l'Ancien Testament, ce même voile demeure. Il n'est pas levé, car c'est le Christ qui le fait disparaître. Oui, jusqu'à ce jour, lors de la lecture de Moïse, un voile est posé sur leur cœur. C'est quand on se convertit au Seigneur que le voile tombe (2 Co 3, 14-16).

La séparation des deux religions s'était donc faite de façon progressive, mais elle était radicale. Les chrétiens tenaient que la venue du Messie avait bouleversé l'économie divine, et rendu inutile la pratique de la

Loi. Les juifs s'accrochaient aux textes qui affirmaient que cette Loi avait été donnée pour toujours : de nombreux passages scripturaires allaient en ce sens. Par exemple l'observance du sabbat (Ex 31, 17). De même le rituel des sacrifices est-il une « loi perpétuelle » (Lv 3, 17 ; 6, 15 ; 7, 34 et 36 ; 9, 15, etc.) De même encore la fête des Semaines (Lv 23, 21) ; le jour des Expiations (Lv 23, 31) ; la fête des Tentes (Lv 23, 41), etc.

Les chrétiens, à la suite de Paul, pensaient que ces obligations avaient été supprimées par le Christ. Seule était nécessaire au salut la foi au Seigneur mort et ressuscité. Toutes les obligations n'étaient que secondaires.

En outre, les chrétiens eurent beau jeu de montrer que les sacrifices, qui avaient été donnés « à titre perpétuel » avaient été supprimés par la destruction du Temple. N'était-ce pas que cette destruction même avait un sens théologique ? — Les Pères de l'Église évoqueront souvent cet aspect de l'économie divine : la disparition du Temple, survenue quarante ans après la mort de Jésus, n'était-elle pas le « signe » de la disparition définitive de l'ancienne économie ? — Et n'était-ce pas la preuve qu'elle n'était que provisoire ?

Ainsi donc, le judaïsme post-christique et le christianisme se sont développés l'un et l'autre en s'opposant. Non seulement les juifs dénoncèrent les chrétiens aux Romains, et furent considérés comme des ennemis, mais la doctrine des deux religions s'affrontait. Le judaïsme post-christique n'a pu se développer qu'en combattant le christianisme, le christianisme qu'en démontrant l'erreur du judaïsme. La polémique interne nous paraît une composante même des deux religions.

Au début du IIᵉ siècle, Ignace d'Antioche écrit aux Philadelphiens :

> Si quelqu'un interprète (l'Écriture) selon le judaïsme, ne l'écoutez pas. Car il est meilleur d'entendre le christianisme de la part d'un homme circoncis que le judaïsme de la part d'un incirconcis. (*Lettre aux Philadelphiens*, VI, 1 ; traduction Camelot, S.C., p. 90).

Un peu plus tard, vers le milieu du IIᵉ siècle, Justin polémique ouvertement avec un rabbin juif. Il a existé un rabbin du nom de Tarphon ; peut-être est-ce l'interlocuteur de Justin ? — Le dialogue a une résonance authentique :

> A mon avis, Tryphon, (celui qui croit au Christ) sera sauvé pourvu qu'il ne cherche pas à imposer ses pratiques (de la loi mosaïque) aux autres hommes... en leur disant qu'ils ne seront pas sauvés s'ils ne les observent pas... Si ceux de votre race, Tryphon, qui disent qu'ils croient au Christ, usent de tous les moyens pour contraindre les païens qui croient au Christ, à vivre selon la loi institué par l'intermédiaire de Moïse..., je fais comme eux et je ne les reçois pas *(Dialogue avec Tryphon,* 47).

Mais les hérésies judaïsantes continuèrent de se développer en même temps que l'Église s'efforçait de se distinguer du judaïsme. C'est pour marquer son indépendance par rapport à la fête juive de Pâque que l'Église fixa la fête de la Résurrection selon un nouveau calendrier [7]. Au milieu du IIIᵉ siècle, Novatien précise que les chrétiens n'ont pas à s'aligner sur les observances juives. Il écrivit à ce sujet trois traités complets, dont les titres seuls sont significatifs : *Sur la circoncision ; Sur le Sabbat ; Sur les aliments des juifs.* Dans ce dernier écrit, il se réfère « à la seule tradition du Christ » [8] : il comprenait que l'essence même de la doctrine était en cause, mais il saisissait mal le rapport entre les deux Testaments, et, au lieu de comprendre que les prescriptions mosaïques avaient été légitimes dans le passé, il allait jusqu'à affirmer qu'elles devaient s'entendre dans un sens spirituel [9].

---

7. Sur la question de la célébration du dimanche et de la date de Pâque, voir un bon résumé dans J. DANIÉLOU et H. MARROU, *Nouvelle Histoire de l'Église,* p. 361.

8. NOVATIEN, *Sur les aliments des Juifs,* I, PL III, 954.

9. Novatien était un hérétique du IIIᵉ siècle, désireux d'instituer une Église de « purs ». Il fut condamné par le concile romain de 251. C'était un esprit excessif.

Pendant longtemps, il fallut prendre des mesures pour que les chrétiens ne « judaïsent » pas en chômant le samedi[10] : ils fêtaient la Résurrection le dimanche mais certains d'entre eux continuaient à observer le sabbat. Il en était encore ainsi au IVe siècle en Orient comme en témoigne l'œuvre d'Aphraate : le samedi était observé aussi bien que le dimanche. Aphraate s'efforce de conforter dans la foi les chrétiens venus du judaïsme, et aussi de défendre ses coreligionnaires d'origine païenne contre la tentation de considérer le christianisme comme une voie conduisant au judaïsme[11].

Vers la même époque, saint Athanase, appelé à parler un samedi pour une fête, se croit obligé de s'excuser de cette coïncidence[12] : la question était encore brûlante.

Mais c'est surtout l'œuvre de Jean Chrysostome qui témoigne de l'attrait du judaïsme pour certains fidèles de son église. Il s'en trouvait qui assistaient aux sermons des rabbins dans les synagogues ; ils allaient jusqu'à déclarer qu'ils étaient meilleurs que ceux de leurs prêtres.

> Vous êtes chrétiens, n'est-ce pas ? — Pourquoi donc ce zèle pour les observances judaïques... N'y a-t-il qu'une légère différence entre les juifs et nous ? Les questions qui nous séparent sont-elles sans importance, pour que vous estimiez notre religion et la leur une seule et même religion ?

Telles sont les questions posées par Chrysostome dans ses *Discours contre les juifs* (IV, 3 ; traduction Bareille, p. 394).

Ces discours reflètent l'importance de l'influence juive sur les chrétiens d'Antioche. Leur évêque les adjure de ne pas fréquenter les synagogues :

> Ce lieu n'appartient qu'à l'idolâtrie ; et cependant des fidèles fréquentent ces lieux comme des lieux dignes de vénérations (I, 3 ; traduction Bareille, p. 350).

---

10. Cf. M. SIMON, *Verus Israel,* p. 361.
11. Voir J. NEUSSNER, *Aphraat and Judaism,* Leyde, 1971.
12. Saint ATHANASE, *Homélie De Semente,* PG XXVIII, 144.

Dans ce même premier *Discours contre les juifs,* Jean Chrysostome montre qu'un chrétien donne plus de valeur à un serment prononcé dans une synagogue qu'à celui fait dans une église ! Il semble donc que le danger de judaïser ait été sérieux à Antioche :

> Quelque nombreux que soient ceux qui ont jeûné (avec les juifs), ne publiez pas, mon bien-aimé, ne divulguez pas le malheur de l'Église ; portez-y remède... Occupez-vous de ceux qui ont été séduits..., et (ramenez) au troupeau sacré les brebis égarées [13].

A la polémique interne entre les deux religions (qui allait jusqu'à traiter le judaïsme d'idolâtrie, ce qui est assez curieux : Chrysostome semble avoir assimilé les obligations extérieures de la Loi juive à des idoles), s'ajoutait une polémique externe : empêcher les juifs d'entraîner les chrétiens vers le judaïsme. Telle est la seule cause des attaques de Chrysostome contre les juifs ; celles-ci ne relèvent en rien de l'antisémitisme, mais elles seront utilisées ultérieurement dans un sens tout différent par des antisémites très éloignés de la foi chrétienne.

La lutte contre l'influence juive allait de pair avec le combat contre les hérésies judaïsantes : la doctrine chrétienne se précisait en face du judaïsme d'une part, du paganisme et de beaucoup d'hérésies de toutes sortes d'autre part. Les hérésies judaïsantes elles-mêmes étaient nombreuses : ébionites, nazaréens, symmachiens, et bien d'autres. Elles prétendaient imposer aux chrétiens les observances mosaïques. Au début du Vᵉ siècle encore, saint Jérôme et saint Augustin attesteront de l'existence de ces sectes. Il est possible que certaines d'entre elles (en particulier les ébionites) aient conservé les traditions de l'Église primitive de Jérusalem. Mais il est possible aussi que la lecture de l'Ancien Testament ait incité ces chrétiens à en respecter toutes les prescriptions.

---

13. *Discours contre les juifs,* VIII, 4 ; traduction Bareille, p. 484. Voir d'autres textes dans *Judaïsme et Christianisme.*

Quoi qu'il en soit, l'œuvre de Jérôme et celle d'Augustin portent la marque d'une tendance judaïsante encore très forte [13 bis]. Le premier nomme explicitement des hérétiques judaïsants : Carpocrate, Cérinthe, Ebion, et son *Dialogue contre les Lucifériens* fait état de nombreuses sectes judaïsantes (cf. PL XXIII, 178). Une lettre d'Augustin relate qu'un prêtre romain lui a demandé s'il est permis de jeûner le samedi ; Augustin répond que la chose n'a pas d'importance en soi, mais que les chrétiens ne doivent pas imiter les juifs en s'imposant des servitudes dont ils ont été libérés (Lettre XXXVI à Casulan, III-VII ; PL XXXIII, 137-139). Surtout, l'importante correspondance entretenue entre Jérôme et Augustin au sujet de l'observance des prescriptions mosaïques ne s'explique que par leur réel souci à ce sujet. Jérôme fait état

> des ébionites, qui feignent d'être chrétiens... ; ils veulent être tout ensemble juifs et chrétiens, et ils ne sont ni juifs ni chrétiens.

Augustin comprend mieux que Jérôme pourquoi les premiers chrétiens, d'origine juive, ont dû conserver les rites mosaïques : c'était à titre provisoire ; mais il rejoint son correspondant en pensant que ces rites sont désormais non seulement inutiles, mais dangereux :

> Jamais je n'ai pensé que les chrétiens qui maintenant se convertissent du judaïsme doivent célébrer ces anciens sacrements dans quelque sentiment ou disposition d'esprit que ce soit, ni que cela leur soit permis d'aucune façon. *(Lettre LXXXII de saint Augustin à saint Jérôme,* 17 ; traduction Labourt, collection Les Belles Lettres).

La correspondance des deux saints sur cette question constitue une mise au point encore très actuelle.
Alors que les juifs entrant dans l'Église avaient ten-

---

13 *bis.* Voir en particulier la correspondance entre Jérôme et Augustin dont les extraits sont cités dans *Judaïsme et Christianisme,* p. 43-45.

dance à conserver des traces de leur ancienne religion, il en était de même pour les païens. De façon assez curieuse, à la fin du IIIe siècle, Commodien reproche à des chrétiens judaïsants d'être « à moitié juifs, à moitié païens » (*Instructiones adversus gentium deos,* I, 24 et 37 ; CSEL 15, 30 et 49-50). Dans ces *Instructions contre les dieux des païens,* Commodien semble assimiler les erreurs des uns à celles des autres. Pour lui comme pour Chrysostome, le judaïsme s'oppose à la foi chrétienne tout autant que le paganisme.

Peu à peu, et dans la mesure où certaines hérésies s'en approchaient il semble que tout ce qui touche à l'erreur soit assimilé au judaïsme. Cela devient très net à partir du IVe siècle. Le judaïsme était considéré avant tout comme un refus de la foi au Christ Jésus ; aussi est-il, pour les Pères de l'Église, l'erreur type, l'erreur capitale. Et c'est ainsi qu'ils arrivent à penser que toutes les autres erreurs ont un point de parenté avec le judaïsme. Ainsi, au VIe siècle, saint Grégoire le Grand accuse Nestorius de « se précipiter dans l'infidélité juive ».

> *Usque ad Judaicam perfidiam erupit.*

C'est du moins ce qu'écrit Jean le Diacre dans sa *Vie de saint Grégoire* (PL LIV, 163 B).

Au siècle suivant, Julien de Tolède, qui, d'après un chroniqueur espagnol, aurait été d'origine juive[14], lutte encore contre l'influence des juifs sur les chrétiens, en particulier dans son traité *De comprobatione aetatis sextae :*

> (Il) n'aurait pas accepté ce fardeau, (s'il) n'avait craint par son silence de favoriser la perte des âmes[15].

---

14. Cf. B. BLUMENKRANZ, *Les auteurs chrétiens latins du Moyen Age sur les juifs et le judaïsme,* dans REJ, t. XI, 1951-1952, p. 34.

15. JULIEN de Tolède, *De comprobatione aetatis sextae,* PL XCVI, 539. Cf. *Insultatio vilis storici in tyrannidem Galliae,* PL XCVI, 797 = MGH, V, 526.

L'influence des juifs est encore nocive pour la foi des chrétiens [16].

Nous trouvons l'écho du même fait dans une lettre d'Alcuin à Charlemagne [17]. A cette époque existent encore des hérésies qui se rapprochent du judaïsme. A la fin du VIIIᵉ siècle, Heterius et Beatus écrivent à Elegard pour souligner le parallélisme de l'hérésie des adoptianistes [18] avec le judaïsme, dans la mesure où la divinité du Christ était niée par les uns et les autres [19].

Mais c'est surtout au IXᵉ siècle, après la conversion au judaïsme du diacre Bodo — le premier cas vraiment connu, et qui sera relaté ci-après —, que se manifestent les réactions contre le judaïsme, en particulier dans l'œuvre de l'évêque Agobard de Lyon et d'Amolon son successeur. Agobard souligne que des chrétiens trouvaient les sermons des rabbins meilleurs que ceux de leurs prêtres, ce qui avait été déjà remarqué par Jean Chrysostome [20]. Il est difficile de préciser ce qui, dans l'œuvre d'Agobard, est antérieur à la conversion de Bodo — conversion qui le mettra en fureur, mais il semble bien qu'une partie au moins de ses écrits fait état du danger du judaïsme avant même que ne soit connu l'exemple de Bodo.

> Non seulement l'Église risque de se corrompre par l'alimentation (c'est-à-dire la nourriture rituelle « cachère »), mais encore de supporter le péril de la foi [21].

---

16. Toute l'œuvre de Julien de Tolède est empreinte du souci du salut des âmes : la polémique contre les juifs se place sur le terrain de la foi.

17. Alcuin de Tours, *Épître 101 à Charlemagne,* PL 100, 314.

18. Les adoptianistes voyaient en Jésus un homme en quelque sorte « adopté » par Dieu. Comme les juifs, ils considéraient donc Jésus comme un homme.

19. B. Blumenkranz, article cité, p. 61.

20. Cf. Agobard, *Supplique à Charlemagne,* PL XIV, 75. Voir Mgr Bressolles, *La question juive au temps de Louis le Pieux,* dans *Revue d'histoire de l'Église de France,* 1942, pp. 59-63, et B. Blumenkranz, article cité, p. 17.

21. Agobard, *Ad Nibridum. De convictu et societate judaica,* MGH, Épître 5, 199-201 (PL CIV, 107-114). Le titre de l'écrit est caractéristique : « Mise en garde contre les relations et les rapports avec les juifs. »

Certains chrétiens continuaient à fêter le sabbat avec les juifs, et, au contraire, violaient le repos du dimanche ; les jeûnes prescrits par l'Église étaient remplacés par ceux de la Synagogue[22].

> Des hommes du peuple, des paysans, se laissent entraîner dans un tel océan d'erreurs qu'ils voient dans les juifs le seul peuple de Dieu[23], qu'ils croient et disent entre eux que là seulement se rencontre l'observance d'une religion ferme et d'une foi bien plus certaine que la nôtre[24].

Neuf siècles après la naissance du christianisme, le judaïsme continuait à lui faire concurrence.

Les tendances judaïsantes s'expliquent à l'origine par le fait que les convertis étaient souvent d'origine juive, ou en contact avec les juifs. Cependant, les conversions de ceux-ci s'étaient raréfiées, alors que celles des païens étaient de plus en plus nombreuses. A l'Église juive des premiers temps succéda une Église composée à la fois de juifs et de païens, puis les conversions de juifs diminuèrent avec le raidissement du judaïsme, alors que les païens entraient de plus en plus nombreux dans l'Église. Puis l'Église de Jérusalem disparut ; les exilés judéochrétiens de Pella perdirent assez rapidement leur influence, sous la double poussée du nombre des pagano-chrétiens et du développement de la théologie antijudaïsante. Toutefois, il y eut, tout au cours des siècles, des conversions de juifs. La rupture ne s'était pas faite entre l'Église et le peuple juif (comme on le pense trop souvent), mais à l'intérieur même du peuple juif. C'est le judaïsme lui-même qui s'était scindé en deux branches devenues antagonistes.

La branche juive de l'Église, qui a persisté tout au

---

22. AGOBARD, *Ad Nibridum*, MGH, 199-201.
23. On peut remarquer qu'un courant analogue existe actuellement parmi les chrétiens. Cf. D. JUDANT, *Jalons pour une théologie chrétienne d'Israël*, Paris, 1975, en particulier p. 114.
24. AGOBARD, *Ad Nibridum*, PL CIV, 107.

long des âges, assurait la continuité du nouveau peuple de Dieu avec l'ancien. Désormais, l'Église était composée à la fois de juifs et de païens, réunis dans la paix du Christ,

> lui qui des deux (les juifs et les païens) n'a fait qu'un peuple (Ep. 2, 14).

Le « petit reste » d'Israël persistait dans l'Église (cf. Rm 11, 1-5). Mais le caractère juif des convertis s'effaçait rapidement par suite de leur entrée dans l'Église ; d'autre part, ils étaient comme noyés dans la masse des chrétiens venus du paganisme, si bien que le caractère fondamentalement juif de l'Église s'est estompé lui-même. Au IIIᵉ siècle, Origène considérera l'Église comme l'Église des païens : il semble que les juifs n'y aient plus de place[25].

Pourtant, l'histoire témoigne d'assez nombreuses conversions de juifs. Celles-ci ont souvent été mises en lumière : la reconnaissance par un juif de la divinité de Jésus constitue en quelque sorte la preuve de la vérité du christianisme. A l'instar des Apôtres, ces convertis peuvent dire : « Nous avons trouvé le Messie. »

En revanche, ce que l'on sait moins, c'est qu'il y eut aussi, au cours des âges, des conversions de chrétiens au judaïsme. Il y a là un aspect à peu près inconnu du rapport entre les deux religions. Il est vrai que la documentation sur ce point est difficile à trouver. En effet, d'une part, nous le verrons, des chrétiens ont supprimé des traces de ces conversions, peu honorables pour le christianisme ; d'autre part, les juifs ont fait de même, par crainte de représailles pendant les siècles où l'Église fut soutenue par le bras séculier.

Après des années de recherches, nous n'avons trouvé

---

25. Cette conception d'Origène a eu des implications dans la théologie ultérieure. Cf. D. JUDANT, *A propos de la destinée d'Israël. Remarques concernant un verset de l'Epître aux Romains XI, 31,* dans *Divinitas,* XXIII (1979), pp. 113-116.

(à Paris), que peu de documents, pour les raisons ci-dessus. La plupart de ceux que nous avons découverts proviennent de sources juives. Il est probable qu'une exploration méthodique de la littérature hébraïque, et en particulier des archives des synagogues, permettrait des découvertes intéressantes à ce sujet. Mais cette recherche — immense — dépassait nos possibilités. Enfin, il ne nous était pas possible d'accéder aux ouvrages en langues slaves qui ne sont pas traduits.

Notre étude n'est donc pas exhaustive ; elle n'est qu'un commencement. Elle incitera peut-être d'autres chercheurs à compléter notre travail. Celui-ci montre que le judaïsme n'a jamais cessé d'attirer les chrétiens. La permanence de ce phénomène qui, nous le verrons, persiste et s'amplifie à l'époque actuelle, nous paraît une indication riche d'enseignements.

C'est cet attrait du judaïsme pour les chrétiens qui a déclenché contre les juifs les foudres oratoires des Pères de l'Église [26]. Celles-ci n'étaient provoquées que par la crainte de la contagion du judaïsme. Leur sévérité n'avait rien à voir avec l'antisémitisme. Mais elles ont favorisé le développement de celui-ci, les accusations des théologiens étant détournées de leurs fins ; elles ont été souvent utilisées par des hommes n'ayant rien de chrétien, ou par des chrétiens qui faussaient leur véritable sens.

Ainsi donc, les chrétiens semblent osciller entre deux excès : ou la haine des juifs, sentiment incompatible avec la charité chrétienne, ou l'admiration du judaïsme, admiration allant jusqu'à l'apostasie de la même foi.

La vérité chrétienne se trouve entre ces deux excès. L'origine juive de l'Église oblige le chrétien à reconnaître la beauté du judaïsme vétéro-testamentaire, et la continuité rigoureuse de la foi au Christ avec la foi des Patriarches et des Prophètes d'Israël. Mais la relation du christianisme avec le judaïsme est complexe ; alors que la foi juive est linéaire, la foi chrétienne impose de saisir que la venue du Messie a apporté une mutation

---

26. Cf. D. JUDANT, *Judaïsme et Christianisme.*

dans l'économie divine. Faute de saisir la portée de cette mutation, qui tient à l'essence même de la foi chrétienne, on risque de tenir pour vrai ce qui l'a été pendant des siècles, mais qui est maintenant dépassé. Le chrétien doit comprendre que le judaïsme était le terreau qui a donné naissance au christianisme, mais qu'il est maintenant une religion faussée. Tel est le message du Nouveau Testament.

Des penseurs juifs ont pu accuser ce dernier d'être « antisémite ». Si l'on considère que les attaques contre la religion juive postchristique sont de l'antisémitisme, alors il est bien vrai que le Nouveau Testament est antisémite. Mais ce terme s'applique-t-il au domaine religieux ? — Nous ne le pensons pas. Paul, Jean, tous les Apôtres étaient eux-mêmes juifs. La rivalité du judaïsme et du christianisme est une querelle de frères, une querelle interne, et c'est pour cela qu'elle est si grave.

Les chrétiens ont dépassé l'intolérance qui s'est manifestée dans l'Église pendant des siècles. Le Concile Vatican II a promulgué une déclaration sur la liberté religieuse en même temps que des textes sur les religions non catholiques, chrétiennes ou non. L'intolérance qui a miné l'Église pendant des siècles, en particulier vis-à-vis des juifs, a été ainsi condamnée en fait. Simultanément, l'Église insistait sur l'origine juive de l'Église, et mettait l'accent sur ce qui est commun aux deux religions.

Il semblait inutile de rappeler ce qui les sépare : n'avait-on pas été jusqu'à les opposer dans le passé ? Or les deux aspects doivent être tenus simultanément, faute de quoi le rapport entre les deux religions se trouve faussé. Le texte conciliaire, voté rapidement et dans des conditions difficiles[27], n'a pas fait état d'une distinction cependant très importante : le judaïsme de l'Ancien Testament était tourné vers le Christ qui, pour les chrétiens, est son aboutissement ; le judaïsme post-

---

27. On se souvient sans doute qu'il a donné lieu à des discussions passionnées.

christique est, au contraire, antichrétien par nature dans la mesure où il est refus explicite du Christ.

Il est essentiel pour l'étude des rapports entre les deux religions de tenir compte de cette distinction. Le judaïsme post-christique, qui, bien entendu, a des liens étroits avec le judaïsme vétéro-testamentaire, peut ébranler la foi des chrétiens lorsque ceux-ci saisissent mal comment leur religion est greffée sur l'ancien Israël. C'est ce que montrera cette étude. La foi chrétienne doit éviter deux tendances opposées : le marcionisme, qui élimine l'Ancien Testament et enlève à la foi chrétienne son support historique et théologique, et un penchant exagéré pour le judaïsme, le premier danger qui ait menacé la foi chrétienne, et qui reste très actuel. La foi catholique ne trouve son équilibre qu'en évitant ces deux excès opposés.

CHAPITRE PREMIER

LE PROSÉLYTISME JUIF

En milieu chrétien, on a longtemps pensé que le judaïsme au temps du Christ était devenu une religion sclérosée ; depuis quelques décennies, cette opinion est mise en doute. La pluralité même des sectes juives dont le Nouveau Testament fait état est une preuve de vitalité. Les Actes des Apôtres attestent que le culte du Temple était très suivi.

Le Temple était en effet le point de convergence des hommes et des idées, le centre du judaïsme. Le Sanhédrin légiférait et conférait une certaine unité dans la diversité. Sur bien des points, les opinions des rabbins divergeaient, et cette diversité se manifestera plus encore après la chute du Temple, comme en témoignent les Talmuds[1].

En particulier, les rabbins n'ont jamais été d'accord sur le prosélytisme. Déjà, l'on sent une divergence qui traverse l'Ancien Testament. Néhémie et Esdras prônent la pureté de la race élue, et refusent tout élément étranger. Mais Booz avait épousé Ruth la Moabite qui était devenue l'ancêtre de David ; elle avait adopté la religion juive.

Cette bivalence d'opinions persistera. A côté de la législation xénophobe d'Esdras et de Néhémie, de nombreux passages des prophètes soulignent le caractère missionnaire du judaïsme. En particulier, Isaïe appelle les païens à se convertir au Dieu d'Israël :

---

1. Il existe deux recueils de textes, le Talmud de Jérusalem et celui de Babylone, en fonction des régions où ces textes étaient appliqués. Voir A. COHEN, *Le Talmud,* Paris, 1970.

> Tournez-vous vers moi pour être sauvés,
> tous les confins de la terre,
> car je suis Dieu et il n'y en a pas d'autre (Is 45, 22).

Abraham lui-même, l'ancêtre du peuple élu, avait été choisi parmi les païens. L'aspect missionnaire de la religion du seul Dieu s'ajouta peu à peu au caractère particulariste de l'élection d'Israël. Les passages d'Isaïe en ce sens sont très nombreux :

> Et les fils d'étrangers qui se sont attachés au Seigneur pour le servir et aimer le nom du Seigneur et devenir ses serviteurs, qui observent tous rigoureusement le sabbat et maintiennent fermement mon alliance, je les conduirai à la Montagne sainte, et je les réjouirai dans ma Maison de prière... J'en rassemblerai d'autres avec ceux qui sont déjà rassemblés (Is 56, 6-8).

Non seulement le judaïsme s'efforce d'attirer les païens, mais on connaît même un exemple de la conversion forcée d'un peuple : sous Jean Hyrcan (134-104 avant J.-C.), les Iduméens conquis furent obligés d'embrasser la religion juive. Les Actes des Apôtres confirment l'existence de nombreux prosélytes, présents à Jérusalem le jour de la Pentecôte (Ac 2, 11). Vers 20 après Jésus-Christ, toute la maison royale de l'Adiabène, sur le Tigre, se convertit au judaïsme ; la reine Hélène et sa maison observèrent scrupuleusement les rites juifs, et le roi d'Adiabène son fils se battit avec les juifs contre les Romains[2].

Des Romains regardèrent avec sympathie le judaïsme, attirés par la pureté du monothéisme. Le régime privilégié dont cette religion profita sous le règne de Néron, alors que les chrétiens étaient persécutés, lui permit une grande extension. Flavius Clemens, neveu de Vespasien, était probablement un prosélyte ou tout au moins un « craignant Dieu », ainsi que sa femme Domitilla[3]. Le

---

2. Cf. Flavius Josèphe, *Antiquités juives,* 20, 2-4- ; *Guerre juive,* 2, 9, 2 ; 5, 6, 1.
3. Dion Cassius, 67, 14, 1-2.

rabbin Gamaliel, qui présidait le Sanhédrin[4] réuni à Jabneh, fut nommé chef d'une délégation auprès de Domitien pour protester contre un édit interdisant le prosélytisme aux juifs, édit qui avait peut-être été motivé précisément par la conversion de Flavius Clemens[5]. Juvénal se moque d'un païen qui s'était converti au judaïsme ainsi que son fils[6]. Aquila, qui, sous l'empereur Hadrien, traduisit en grec l'Ancien Testament, était un prosélyte. Peut-être un empereur de la famille des Antonins était-il prosélyte, ou seulement « craignant Dieu »[7].

Il y avait en effet deux sortes de prosélytes : les véritables prosélytes, qui allaient jusqu'à adopter tous les rites juifs, y compris la circoncision, et les « craignant Dieu » *(Deum metuentes)* ; ces derniers se contentaient de délaisser le culte des idoles pour adhérer au Dieu unique ; ils ne se soumettaient pas à la Loi mosaïque, ni en particulier à la circoncision. Ce dernier rite était un obstacle à la conversion des païens, qui l'avaient en horreur. La suppression de la circoncision par l'Église explique en grande partie la préférence que les païens donneront au christianisme.

Au IIIe siècle encore, Tertullien atteste l'emprise du judaïsme sur les masses païennes[8]. L'empereur Alexandre Sévère sympathisa avec le judaïsme et fut même appelé, non sans ironie, l'Archisynagogus, ou chef de la Synagogue[9].

Cette influence des juifs dura des siècles, et elle explique la sévérité des Pères de l'Église envers ceux dont

---

4. On a très peu de renseignements concernant l'assemblée de Jabneh ; celle-ci ne fut probablement pas dans la continuité du Sanhédrin de Jérusalem, puisqu'il n'y avait plus de prêtres du Temple. Le terme Sanhédrin n'est appliqué à l'assemblée de Jabneh que par assimilation.

5. D'après M. MARGOLIS et A. MARX, *Histoire du peuple juif,* traduit de l'anglais, Paris, 1930, p. 194.

6. Cecil ROTH, *The History of the Jews of Italy,* Philadelphie, 1946, p. 28.

7. Isidore LÉVI, *Le Prosélytisme juif,* dans REJ, 1905, t. L, p. 8.

8. TERTULLIEN, *Ad Nationes,* 1, 13.

9. Cecil ROTH, ouvrage cité, p. 19.

l'influence était dangereuse pour la foi des fidèles [10]. La même cause est à l'origine des mesures conciliaires prises contre les juifs. Celles-ci ont été provoquées uniquement par des motifs d'ordre religieux : attirés par le culte du Dieu unique et vrai, les païens distinguaient mal à l'origine la différence entre le judaïsme et le christianisme. Nous avons vu combien les limites entre les deux religions sont restées incertaines pendant longtemps.

Si l'Église éprouva le besoin de préciser sa doctrine en face du judaïsme, le judaïsme post-christique ressentit la même nécessité. Mais il n'y avait plus d'organisme centralisateur depuis la disparition du Temple, et les Talmuds font état d'opinions de rabbins diverses et parfois même contradictoires. Il en est ainsi du prosélytisme : on retrouve dans les Talmuds les deux tendances de l'Ancien Testament à ce sujet : les uns s'opposeront à l'accès des païens, tandis que d'autres, fidèles à la pensée missionnaire des prophètes, favoriseront les conversions.

Des commentaires de nombreux versets de l'Écriture, et en particulier d'Isaïe, souhaitaient l'accession des prosélytes au culte du vrai Dieu.

> Les prosélytes sont chers (à Dieu), car ils sont décrits dans les mêmes termes que les Israélites. Les enfants d'Israël sont appelés « serviteurs »... et les prosélytes aussi, car il est dit : « pour aimer le nom du Seigneur, pour être ses serviteurs » (Is. 56, 6).

> De même, les prosélytes seront-ils appelés « ministres de notre Dieu », comme les Israélites. De même encore seront-ils nommés « amis de notre Dieu ». De même toujours seront-ils agrégés dans l'Alliance, et leurs sacrifices et holocaustes reçus comme ceux des fils d'Israël *(Mekhilta Neziqin sur Exode, 22, 20).*

Un rabbin allait jusqu'à dire :

> Le Saint Unique (béni soit-il !) exila Israël parmi les nations pour cette seule raison que des prosélytes pourraient se joindre à lui *(Pesahim, 87 b).*

---

10. Cf. D. JUDANT, *Judaïsme et Christianisme.*

On va jusqu'à faire du prosélyte l'égal du grand prêtre[11] *(Sifra sur Lévitique,* 18, 5).

Le prosélytisme juif a survécu à la destruction du
Temple ; il existe encore au IIe siècle. Yosé ben Halafta,
célèbre « *tanna*[2] » du IIe siècle, espère pour l'avenir la
conversion de toute l'humanité au judaïsme *(Aboda
Zara,* 3 b). R. Aboun au IVe siècle fait remonter à
Moïse la tradition de considérer les prosélytes comme
les égaux des juifs de naissance[13]. La même pensée se
trouvait déjà chez Philon d'Alexandrie[14].

En revanche, certains rabbins se montrent très
défiants envers les prosélytes dont ils craignent l'infidélité. Telle est, en particulier, l'opinion de R. Eliezer le
Grand *(Baba Mesia,* 59 b). Mais, d'une manière générale,

> (sa) sévérité était proverbiale et (il) fut excommunié par
> ses collègues de Jamnia[15].

Il semble qu'il y ait eu une évolution vers le durcisse-
ment. A la suite des persécutions subies par les chrétiens au IIIe siècle, un certain nombre d'entre eux
seraient passés au judaïsme uniquement pour fuir la
persécution, et c'est contre cette sorte de convertis que
ce serait élevé R. Helbo[16]. Dans le même sens, selon la
Michna *(Horayoth* 3, 8), les prosélytes passeraient après
les lévites, les juifs, les bâtards et les « nathées[17] », et
ces prosélytes n'auraient pas le droit de réciter certaines

---

11. Voir d'autres exemples dans G. Foot-Moore, *Judaism in the
First Century of the Christian Era,* I, p. 323 s. ; B.J. Bamberger,
Proselytism in the Talmudic Period, New York, 1968, p. 149 s. ; A.
Cohen, *Le Talmud,* Paris, 1970, p. 109 s. ; M. Hadas-Lebel, *Le
prosélytisme juif dans les premiers siècles de l'ère chrétienne,* dans
« Les chrétiens devant le fait juif », *Le Point idéologique,* 33, p. 23.
12. Un « tanna » est un rabbin « instructeur » de la période primitive de l'élaboration des Talmuds, antérieure à la rédaction de la
Michna, ou codification de la « thora » (loi) orale.
13. Cf. Isidore Lévi, article cité, REJ, 1906, t. LI-LII, p. 1.
14. Philon d'Alexandrie, *De virtutibus,* SC 26, Paris, 1962, 102,
p. 85.
15. M. Hadas-Lebel, article cité, p. 26.
16. Id., *ibid.,* p. 31.
17. On ne sait pas exactement ce que désigne ce terme.

prières[18]. Mais cette hiérarchie semble exceptionnelle : d'une manière générale, les prosélytes sont vraiment tenus comme les égaux des juifs de naissance.

D'après Marcel Simon, dont la pensée a été reprise par M. Hadas-Lebel, l'arrêt du prosélytisme juif serait la conséquence des mesures prises à son encontre lorsque l'empire fut devenu chrétien.

> C'est incontestablement de l'extérieur et non de l'intérieur que vient l'arrêt du prosélytisme juif[19].

Peut-être conviendrait-il de nuancer cette opinion. En effet, cette étude montrera que souvent les convertis revenaient à leur ancienne religion, et des expériences malheureuses ont fort bien pu faire réfléchir les rabbins sur les risques du prosélytisme. De plus et surtout, il convient probablement de distinguer le cas des païens convertis au culte du seul Dieu, et dont la foi était solidement enracinée, de celui des chrétiens qui, très souvent, sont revenus ensuite à leur ancienne religion. Le passage de plus en plus fréquent au christianisme à partir du judaïsme, qu'il s'agisse de païens passant par l'intermédiaire du judaïsme, ou de chrétiens retournant à leur ancienne religion, explique probablement la sévérité et la réticence de certains rabbins, comme R. Helbo qui, au IIIe siècle, déclare que

> les prosélytes sont pour Israël comme la lèpre *(Yebamot,* 47 b et 10 b ; *Qiddushin,* 70 b).

Quoi qu'il en soit, il est certain que, d'une façon générale, l'attitude juive envers les païens ou les chrétiens se modifia à partir de la conversion de Constantin, en 312[20]. A cette date, le christianisme devint reli-

---

18. G. BARDY, *La Conversion au christianisme durant le premiers siècles,* Paris, 1948, p. 108.

19. M. HADAS-LEBEL, article cité, p. 33.

20. 312 est la date de la bataille du pont Milvius, qui assura la victoire de Constantin sur Maxence. On a dit qu'à cette bataille, l'armée de Constantin avait arboré un symbole chrétien. Quoi qu'il en soit, à partir de cette date, la politique de Constantin fut nettement favorable aux chrétiens ; mais il ne se convertit sans doute

gion privilégiée, alors que le judaïsme commença à être combattu, ce qui inversait la situation par rapport à celle des deux premiers siècles. D'une part, la crainte de représailles a renforcé le repliement du judaïsme sur lui-même. D'autre part, il semble que se soit formée peu à peu l'opinion, qui devait être exprimée par Maïmonide au XIIᵉ siècle, selon laquelle le christianisme était le moyen par lequel les païens avaient accès au vrai Dieu, alors que le judaïsme était la voie de salut pour les juifs [21]. Enfin, il ne faut pas oublier que l'obligation de la circoncision, maintenue dans le judaïsme alors qu'elle avait été supprimée par le christianisme dès le Iᵉʳ siècle, éloigna du judaïsme les païens attirés par le monothéisme qu'ils retrouvaient dans la nouvelle religion sans que le poids des observances pesât sur eux.

Le succès du christianisme et le repliement du judaïsme sur lui-même ont donc agi de façon concomitante pour raréfier les conversions au judaïsme. Toutefois, nous le verrons, celles-ci ont continué au long des siècles. Il continua d'y avoir, comme dans la période vétéro-testamentaire, plusieurs sortes de prosélytes. Les semi-prosélytes, ou « craignant Dieu » adhéraient au culte du Dieu unique et participaient aux prières liturgiques ou privées sans cependant suivre toutes les observances, en particulier la circoncision. Mais d'autres prosélytes allèrent jusqu'à se faire circoncire et à adopter toutes les règles édictées par le judaïsme. Ce sont les *guéré tsédek,* ou prosélytes de justice. A partir du XIIIᵉ siècle, les semi-prosélytes seront appelés « prosélytes de la porte », selon une expression qui caractérise bien leur situation [22]. Enfin, on distingue aussi les prosélytes par intérêt, qui sont tenus en piètre estime.

Il ne nous sera pas toujours facile, au cours de cette

---

qu'à la veille de sa mort, selon un usage alors fréquent. Cf. J. DANIÉLOU et H. MARROU, ouvrage cité, p. 276.

21. Cette pensée de Maïmonide a été reprise à l'époque actuelle par certains juifs et même par certains chrétiens. Nous la retrouverons à plusieurs reprises au cours de cette étude.

22. I. LÉVI, article cité, p. 3. L'auteur auquel il se réfère est BEHAÏ, dans *Kad Hakéomah.*

étude, de déterminer à quelle catégorie appartenait tel ou tel prosélyte. De ce point de vue aussi, l'opinion des rabbins était variée, les uns exigeant l'entière observance des prescriptions talmudiques, les autres estimant que ces prescriptions ne s'appliquaient qu'aux juifs de naissance. Quoi qu'il en soit, l'influence juive sur les chrétiens est certaine au moins jusqu'au IXe siècle. Les Pères de l'Église en font état. Mais l'influence juive s'exerçait aussi sur les païens. Tertullien et Augustin protestent contre les conversions de Berbères au judaïsme. Au commencement du IVe siècle, nous trouvons trace d'un « Issur le Prosélyte » (Issur Giyyora), figure éminente en Babylonie [23].

L'influence juive s'étendait aussi à l'Islam : au VIIe siècle, Yusuf 'A's'ar Yat'ar Dhu Nuwas, dernier roi du Himyar, fut gagné au judaïsme [24]. A la fin du même siècle, une tribu berbère de l'Algérie, probablement des païens, les Jerewa, se convertit au judaïsme [25], un peu plus tard, vers le VIIIe siècle, un royaume d'Asie Mineure tout entier, celui des Khazars, se convertit au judaïsme [26]. Avec le royaume d'Adiabène, c'est le seul à être dans ce cas.

Si des païens sont passés au judaïsme, il est moins étonnant que des chrétiens en aient fait autant. Par suite du lien étroit entre les deux religions, de leurs frontières longtemps imprécises, et surtout du manque de culture biblique et théologique, certains chrétiens,

---

23. *Encyclopaedia Judaica,* IX, p. 1085.

24. *Encyclopeadia Judaica,* XVI, pp. 897-900.

25. Cf. *Enclyclopeadia Judaica,* article « Kahina » (reine des Jerewa).

26. Cf. BASNAGE, *Histoire des Juifs depuis Jésus-Christ jusqu'à présent,* La Haye, 1716, t. 13, p. 1-17. Basnage termine sa relation en prétendant que ce royaume est imaginaire, ce qui est inexact. La conversion des Khazars est bien attestée. Voir Cecil ROTH, *Histoire du peuple juif,* traduction française, Paris, 1957, p. 185 ; Paul E. KAHLE, *The Cairo Geniza,* 2e éd. Oxford, 1959, p. 30 ; S. PINES, *A moslem text concerning the conversion of the Khazars to judaism,* dans JJS, t.XIII, 1962, pp. 45-55.
D'après l'abbé Carmignac, les Khazars seraient des caraïtes. Sur les Khazars, voir A. Kœstler, *La Treizième Tribu, l'empire kazar et son héritage,* Paris, 1955.

même lorsque le dogme se sera développé, et que le christianisme sera sorti de sa gangue juive originelle, découvriront l'Ancien Testament sans comprendre le lien qui l'unit au Nouveau ; ils abandonneront la foi au Christ pour retrouver celle des Patriarches. C'est à ces seuls chrétiens que nous nous intéresserons en essayant, pour chacun d'eux, et dans la mesure du possible, de reconstituer leur itinéraire spirituel. Quelles sont les raisons qui ont poussé ces chrétiens à abandonner leur foi pour adhérer au judaïsme et suivre un itinéraire inverse de celui de l'histoire ?

CHAPITRE II

LES PREMIERS CONVERTIS[1] CONNUS BODO-ELEAZAR

Avec l'avènement de l'Empire chrétien, la situation des juifs va changer. Tous les historiens sont bien d'accord sur ce point. Désormais, et en tous domaines, le pouvoir séculier viendra à l'aide de la foi chrétienne. Celle-ci, nous l'avons vu, était combattue depuis l'origine par le judaïsme. Les évêques chrétiens s'efforceront donc de mettre leurs fidèles à l'abri du contact avec les juifs, et de nombreuses mesures seront prises en ce sens.

Les premières semblent avoir été décidées au Concile d'Elvire (305 ou 306), en Espagne : des décrets sont adoptés par les évêques pour éviter que les chrétiens ne continuent à fréquenter les juifs. Le canon 16 interdit aux chrétiens d'épouser des juifs, ou autres « infidèles[2] ». Le canon 49 défend de faire bénir les fruits par les juifs, sous peine d'être rejeté hors de l'Église, et le canon 50 prévoit l'excommunication pour tout clerc ou fidèle qui « prendra de la nourriture avec les juifs[3] ». Mais ces mesures semblent avoir été inefficaces, puisque trois cents ans plus tard au quatrième

---

1. En raison du sujet de cette étude, nous emploierons désormais le mot « converti », sans plus, pour désigner ceux qui sont passés du christianisme au judaïsme. Pour les autres cas, nous préciserons, sauf quand le contexte rend la précision inutile.

2. « Infidèles » : ce mot désigne les juifs (et, plus tard, les musulmans). Il vient du terme grec employé par saint Paul, *apistos :* qui est hors la foi. A l'origine, il n'a donc aucune nuance péjorative.

3. Cf. HÉFÉLÉ-LECLERCQ, *Histoire des Conciles*, t. I, 1re partie, Paris, 1907, pp. 231 et 249.

Concile de Tolède, en 633, Isidore de Séville craint que les chrétiens ne soient tentés de devenir juifs, sous l'influence de juifs baptisés qui retournaient souvent au judaïsme. Il est vrai que les baptêmes forcés commençaient à être en vigueur, pratique qu'Isidore de Séville réprouve aussi très clairement[4.]

Le Concile d'Elvire ne concerne que l'Espagne. Mais avec la conversion de Constantin s'amorce une nouvelle période :

> De plus en plus, l'Empire tend à devenir un empire chrétien ; le christianisme sous sa forme orthodoxe devient pratiquement religion d'État. Les hérétiques sont pourchassés (381), le paganisme finalement interdit, les temples fermés ou détruits (391)[5].

En outre, des mesures sont prises contre les juifs. Trente-trois décrets les visent, promulgués entre 315 et 429. Ils font partie de ce que l'on a appelé le *Code théodosien,* qui donnait à l'Empire chrétien sa juridiction. Il devint illicite pour les juifs de posséder des esclaves chrétiens, et de circoncire les esclaves non chrétiens. C'est d'ailleurs toute forme d'autorité des juifs sur les chrétiens qui devenait interdite. En conséquence, les juifs étaient désormais exclus des fonctions publiques, civiles ou militaires. En outre, les mariages entre chrétiens et juifs étaient strictement prohibés. Il ne faut pas se méprendre sur l'inspiration de ces mesures. Elles ne sont pas tant dirigées contre les juifs que destinées à la protection des chrétiens.

> Le respect, les faveurs dont la religion chrétienne est l'objet de la part du gouvernement impérial ne sont pas chez celui-ci une simple attitude, hypocrite ou intéressée.

---

4. Isidore de Séville, *Historia Gothica,* 60, PL 83, 1073 et *Sentences,* 2, 2, 4, PL 83, 601.

Les mesures antijuives donneront lieu à des abus délibérés provenant des autorités civiles ou des masses populaires. Au même concile de Tolède, Isidore de Séville fait condamner la pratique des baptêmes forcés. Cf. B. Blumenkranz, *Juifs et chrétiens dans le monde occidental, 430-1096,* Paris, 1960, p. 109-110.

5. J. Daniélou et H. Marrou, ouvrage cité, p. 279.

Il y a chez lui un effort réel pour pénétrer d'esprit chrétien la structure des institutions, la vie même du monde romain... On sait que les empereurs chrétiens ont déployé une intense activité législative qui a profondément modifié la physionomie du droit romain. Quelle est l'étendue de l'influence qu'a exercée le christianisme sur cette législation ? On l'a tour à tour étendue ou restreinte à l'excès ; les faits sont souvent d'interprétation délicate[6].

Des décrets impériaux pris à la même époque améliorent et adoucissent le sort des esclaves ; d'autres humanisent la condition des prisonniers ; d'autres encore assurent la stabilité et la dignité du mariage, en pleine conformité avec la doctrine évangélique.

C'est dans ce contexte de défense de la foi chrétienne qu'il faut comprendre les mesures prises au Ve siècle contre les juifs. En droit, le juif reste l'égal du chrétien[7]. La nouvelle législation ne veille qu'à éviter une influence néfaste par la foi chrétienne. En effet, cette influence diminuera, mais ne cessera cependant pas. Et les mesures impériales se politiseront de plus en plus.

Au VIe siècle, l'empereur Justinien supprime le patriarcat juif de Palestine qui protégeait les juifs depuis la destruction du Temple. Et le Code justinien (529-534) intervient directement dans la vie des communautés juives, interdisant l'usage du Talmud et réglementant même la prédication synagogale. Ces dispositions passeront dans la législation des États qui succéderont à l'Empire romain après son démembrement.

Du VIIe au IXe siècle

S'il y a de nombreuses traces de l'influence des juifs, en particulier dans les écrits des Pères de l'Église, peu de cas de conversions au judaïsme sont réellement connus avant le IXe siècle. Il est possible que les documents

---

6. J. Daniélou et H. Marrou, ouvrage cité, p. 362.
7. Cf. Blumenkranz, ouvrage cité, p. 295-296.

aient été volontairement détruits. Déjà, saint Jean Chrysostome disait qu'il valait mieux faire le silence sur ces cas douloureux.

Nous savons par une lettre d'Aurasius, évêque de Tolède au début du VIIe siècle, qu'un certain Froga

> semble être tombé dans une hérésie judaïsante, à moins que ce ne soit dans le judaïsme tout court. Aurasius lui reproche, d'avoir non seulement combattu l'Église, mais d'avoir par surcroît, ce faisant, raffermi la Synagogue[8].

Il aurait proclamé publiquement sa foi devant la communauté juive de Tolède, fort importante à l'époque. Les juifs étaient nombreux en Espagne, où ils avaient de nombreux contacts avec la population chrétienne. Il est dit de Froga :

> Son âme est entrée dans un autre dogme qui donne le vertige[9].

Le judaïsme, dans la mesure où il nie la divinité de Jésus, est considéré comme une religion de perdition. On sait que, à cette époque, il était admis que seuls seraient sauvés ceux qui faisaient visiblement partie de l'Église[10]. Froga fut excommunié. C'est tout ce que l'on sait de lui.

A la même époque, Sargis d'Aberga fait état de juifs convertis de force, et qui veulent retourner à leur ancienne religion. Mais il craint que d'autres juifs, convertis de leur propre gré, ne veuillent les suivre[11]. Nous trouverons assez souvent, au cours de cette étude, des

---

8. B. BLUMENKRANZ, *Les Auteurs chrétiens latins du Moyen Age sur les juifs et le judaïsme*, REJ, t. XI, 1951-1952, p. 5.

9. AURASIUS, *Epistola ad Froganem*, MGH, épître 3, p. 689-690.

10. L'adage de saint Cyprien : « Hors de l'Église, pas de salut », sera appliqué longtemps dans un sens étroit. Il convient de le comprendre en donnant au mot « Église » un sens large englobant tous les hommes « de bonne volonté », quelle que soit leur appartenance religieuse ou idéologique. Il faut noter aussi que nul n'est sauvé si ce n'est par la seule grâce du Christ.

11. SARGIS D'ABERGA, *The teaching of Jacob*, cité par A. LUKYN WILLIAMS, *Adversus Judaeos, A bird's eye view of christian apologiae until the Renaissance*, Cambridge, 1935, p. 157-158.

convertis passant ainsi d'une religion à l'autre, puis retournant à leur religion primitive. Nous ne tiendrons pas compte des juifs, convertis de force ou non, retournés au judaïsme, encore qu'il nous arrivera de citer certains d'entre eux. En revanche, nous prendrons en considération les chrétiens qui sont passés au judaïsme, puis qui ont fait retour à leur ancienne religion. Ces passages successifs d'une religion à l'autre sont assez nombreux. D'une part, ils s'expliquent par les conversions forcées : des juifs baptisés de force retournaient à leur religion primitive quand ils le pouvaient, soit que les circonstances se soient modifiées, soit qu'ils aient changé de pays. D'autre part, la ressemblance même des deux religions et l'ignorance des convertis sur ce qui les distingue expliquent aussi ces allées et venues spirituelles. Enfin elles peuvent s'expliquer aussi par des raisons d'ordre psychologique, en particulier dans certains cas par la faiblesse de caractère et même l'instabilité. Il est possible qu'un écrit connu sous le nom de *Livre de Nestor Hakkomer* remonte au VIIe siècle. Hakkomer signifie en hébreu : le faux prêtre. Celui-ci était un prêtre catholique, probablement un moine, qui se convertit au judaïsme. Il rédigea cet écrit à l'intention d'un frère de son ordre pour lui montrer, à l'aide d'environ trente-cinq arguments théologiques, la vérité du judaïsme [12]. Ce document a d'étroites ressemblances avec les *Toledoth Jesu,* attaques des juifs contre le christianisme, ou plus exactement calomnies contre Jésus et sa mère. La date de composition de ce dernier écrit est discuté. Il semble qu'il s'agisse d'un document remanié au Moyen Age, mais dont l'origine remonte au IIIe ou même au IIe siècle [13]. On peut d'ailleurs se demander si le *Livre de Nestor Hakkomer* et les *Toledoth Jesu* n'ont pas été rédigés par le même auteur, à moins que Nestor Hakkomer ait tout simplement repris

---

12. Cf. Pinchas LAPIDE, *Hebraisch in den Kirchen,* Dusseldorf, 1976, p. 37. Le manuscrit de ce texte se trouve à la Bibliothèque vaticane. La bibliothèque de l'Université hébraïque de Jérusalem en possède une copie.
13. Cf. S.W. BARON, *Histoire d'Israël*, t. II, Paris, 1957, p. 1122.

les arguments trouvés dans les *Toledoth Jesu*. Il pourrait être le premier prêtre catholique passé au judaïsme dont on ait la trace, si du moins il vivait bien au VIIᵉ siècle.

A la même époque, peut-être, un moine du Sinaï se serait converti lui aussi. On peut même se demander s'il n'était pas évêque [14]. Mais les renseignements sont vagues, et les documents difficiles à explorer.

Peut-être Cecil Roth parle-t-il du même personnage dans le passage suivant :

> Un moine fut assailli de doutes sur la vérité du christianisme, traversa le désert de Palestine et s'offrit comme prosélyte à la communauté de Tibériade. Il prit le nom d'Abraham, fonda une famille juive, et fut un avocat zélé de sa nouvelle religion [15].

Mais Cecil Roth ajoute :

> A la même époque, ou peut-être plus tôt, un certain évêque (on ne connaît pas son nom), se convertit au judaïsme et composa en arabe un vigoureux travail polémique pour défendre son acte [16].

L'historien anglais pense donc qu'il s'agit de deux personnages différents, mais il ne donne ni ses sources, ni ses arguments. Or il est dit de ces deux convertis qu'ils ont composé un document en arabe, alors qu'on ne trouve trace que d'un seul document. C'est ce qui nous incite à penser qu'il s'agit du même personnage dont il est question dans deux sources différentes. Le nom d'Abraham ne peut permettre d'identifier le moine en

---

14. Cf. GRAETZ, *Geschichte der Juden,* V, Leipzig, 1908, pp. 25-26 et surtout A. HORKOWY, *Additions et rectifications à l'histoire des Juifs, de Graetz,* REJ, t. V, 1882, pp. 202-203. Cet auteur écrit : « Une lettre d'un évêque converti au judaïsme a été éditée récemment en arabe par M. Léon Schlossberg. » Il s'agirait d'un écrit antérieur à 514. Il semble y avoir une contradiction entre un texte arabe et le titre qui est hébreu. Nous n'avons pu vérifier.

15. Cecil ROTH. *Personalities and events in Jewish History,* Philadephie, 1953, p. 147.

16. ID., *ibid.,* p. 147.

question. En effet, la plupart des convertis, nous le verrons, prendront le nom juif d'Abraham : à l'origine, ce patriarche n'était-il pas un païen ? — Nous nous trouverons donc très souvent en face de convertis portant ce nom, ce qui les rend difficiles à identifier lorsque leur nom antérieur n'est pas connu. D'autre part, il est souvent impossible de savoir s'il s'agit d'un réel passage au judaïsme, ou seulement de tendances judaïsantes. Par exemple, un certain Clément, évêque missionnaire en Angleterre au VIIIe siècle, a penché vers le judaïsme sans cependant y adhérer pleinement. Il s'était marié, justifiait sa conduite par la Loi mosaïque et rejetait la législation canonique sur le célibat des prêtres. Il eut deux fils. Nous savons qu'un synode franc de 745 le condamna à l'emprisonnement et qu'un synode romain l'excommunia ensuite [17]. Dans le cas de ce Clément, il est possible que la question du célibat ait eu une importance décisive : il trouvait dans le judaïsme la justification de sa conduite. Le même argument jouera des siècles plus tard quand des catholiques passeront au protestantisme.

A la même époque, ou peut-être un peu après, un certain Herman de Cologne se serait converti au judaïsme [18].

Ces quelques exemples du VIIe et du VIIIe siècles sont des cas isolés, mais ils montrent à l'évidence que l'influence juive était encore vigoureuse : les mesures prises tant par les autorités religieuses que par le pouvoir séculier s'avéraient insuffisantes pour combattre l'attrait du judaïsme.

Bodo-Éléazar

Le premier cas vraiment connu de conversion au judaïsme est, au IXe siècle, celle du diacre Bodo qui faisait partie de la cour de Louis le Pieux, appelé aussi Louis le Débonnaire (814-840). Les juifs avaient alors

---

17. Cecil ROTH, ouvrage cité, p. 147.
18. BASNAGE, ouvrage cité, t. XIII, p. 312.

une grande influence dans l'Empire. Ils étaient déjà bien en cour au temps de Charlemagne. En effet, une lettre d'Alcuin, évêque de Tours, fait état d'un juif du nom de « Maître Pierre », qui était sans doute maître en grammaire du palais de Charlemagne [19].

> Ils (les juifs) furent particulièrement nombreux, semble-t-il, à la cour de Louis le Pieux. Aux rapports d'affaires s'ajoutaient des rapports affectifs, aussi bien de l'Empereur et de sa famille que des courtisans.

> Les femmes juives de Lyon exhibent ensuite fièrement les belles robes que les dames de la cour leur ont offertes [20]. Ce sont probablement ces Juifs qui ont profité de leurs fréquentations de la Cour pour faciliter les plans de fuite et de conversion au judaïsme du diacre Bodo [21].

Les juifs étaient si nombreux et si actifs que Louis le Pieux nomma un fonctionnaire chargé spécialement de s'occuper d'eux, si du moins l'on en croit Agobard, évêque de Lyon à cette époque. Il évoque un *Magister Judaeorum*. On ne connaît ni le rôle exact, ni la fonction précise de ce magistrat mais son existence est assurée. Les juifs étaient donc soumis à un régime spécial,

> serait-il même destiné à les protéger particulièrement dans leurs droits et nullement à les diminuer [22].

Les juifs pouvaient aisément accéder aux fonctions publiques. Le code de Théodose était tombé en désuétude, bien qu'il ait été rappelé à plusieurs reprises par des conciles. Amolon, le successeur d'Agobard sur le siège épiscopal de Lyon, témoigne « que ces décisions continuaient de rester lettre morte [23] ».

Les juifs possédaient des esclaves païens ou même chrétiens, ce qui était contraire aux mesures prises anté-

---

19. ALCUIN DE TOURS, *Épître 101 au roi*, PLC, 314.
20. L'auteur renvoie à AGOBARD, *De insolentia Iudaeorum*, 5, P.L., 104, 74, MGH, épître 5, p. 184.
21. BLUMENKRANZ, ouvrage cité, p. 41.
22. BLUMENKRANZ, ouvrage cité, p. 40.
23. BLUMENKRANZ, ouvrage cité, pp. 178-179.

rieurement et en particulier à un décret de Grégoire le Grand (pape de 590 à 604). La raison de cette interdiction tenait au danger de voir lesdits esclaves embrasser le judaïsme. Mais dans la pratique, ce décret ne fut pas appliqué, car il sera rappelé à de nombreuses reprises par divers conciles, sans plus de succès[24]. Il est donc probable que de nombreux esclaves sont passés au judaïsme, mais leur nom n'est pas resté à la postérité.

> Tous ces humbles, tous ces inconnus, ces esclaves à peine sortis du paganisme et de l'ignorance, ces journaliers illettrés penchés sur leur tâche écrasante, ces pauvres fermiers écrasés par les impôts qu'une glèbe avare leur permet à peine de fournir, quel historien de l'époque nous en parlerait ? Puis, toujours interdite quand elle s'exerçait sur des sujets chrétiens, défendue aussi quelquefois quand elle visait des païens, et, au mieux, simplement tolérée, la mission juive, par un réflexe normal de défense, se faisait obscure, cachée, souterraine. Ce ne sont pas les juifs ni leurs recrues qui allaient crier sur les toits les résultats de cette propagande. Sujets humbles et effacés, économiquement et socialement parlant, les convertis au judaïsme le restaient dans leur nouvelle foi. Gagnés à titre individuel, jamais en groupe, ils ne donnaient prise à aucune méfiance religieuse, à aucune jalousie économique... Rien ne justifiait de leur réserver un traitement à part. Nos convertis se fondaient dans le nouveau milieu qui les accueillait sans en rien s'en distinguer désormais, sans que rien ne rappelât leur origine[25].

Ces convertis furent-ils aussi nombreux que le laisse entendre Blumenkranz ? — Il est difficile de se prononcer. D'une part, les mesures prises par les autorités religieuses ou civiles chrétiennes montrent que ce danger était réel. Mais, d'autre part, il n'est pas tout à fait juste de penser que ces convertis se fondaient réellement dans la population juive : certains d'entre eux ont laissé des traces manifestes. Il nous paraît rigoureusement impossible de savoir s'ils étaient nombreux ou non. Il y

---

24. Cf. Blumenkranz, ouvrage cité pp. 202-209.
25. Blumenkranz, ouvrage cité, pp. 210-211.

a eu un certain nombre de cas isolés — Blumenkranz reconnaît lui-même qu'il s'agit de cas individuels — et le phénomène est resté constant malgré toutes les mesures qui seront prises. Dans l'état actuel des connaissances historiques, on ne peut en dire plus. S'il est possible que nombre de cas, concernant de petites gens, soient demeurés ignorés, il n'en est pas ainsi de Bodo.

Son histoire nous a été transmise par trois sources différentes : les *Annales de saint Bertin* de Prudence de Troyes, des lettres adressées à Bodo lui-même par Alvare de Cordoue, et le *Liber contra Judaeos,* d'Amolon de Lyon[26]. Alvare de Cordoue s'efforça de ramener Bodo à la foi chrétienne avec d'autant plus de zèle qu'il était lui-même d'origine juive, mais il était convaincu de la vérité du christianisme. Il avait donc suivi un itinéraire spirituel inverse de celui de Bodo.

Les quatre lettres adressées par Alvare à Bodo nous ont été conservées ; malheureusement, par un zèle malencontreux de l'honneur chrétien, les pages contenant les réponses de Bodo ont été soigneusement grattées sur le seul manuscrit qui nous soit parvenu[27]. Il est d'ailleurs probable que d'autres manuscrits de cette correspondance, s'il en a existé, ont été détruits dans le même zèle « pieux » : en effet nous ne possédons qu'un seul manuscrit des lettres d'Alvare contrairement à bien des ouvrages de la même époque. Le même zèle a détruit les traces de conversions analogues, et c'est pour cette raison que, du côté chrétien, comme nous l'avons déjà signalé, il y a peu de sources. Depuis saint Jean Chrysostome et sur son conseil, les Pères de l'Église préféraient faire le silence sur ces cas qui leur étaient pénibles. Même à l'époque moderne, on peut remarquer

---

26. *Annales de saint Bertin,* de PRUDENCE DE TROYES, P.L. CXV, 1378 s. « Lettres d'Alvare de Cordoue », édition critique de J. MADOZ, dans *Monumenta Hispaniae Sacrae,* série patristique, t. 1, Madrid, 1947, et P.L. 121, pp. 478-414, *Liber contra Judaeos,* AMOLON, P.L. 116, 141-183.

27. Cf. B. BLUMENKRANZ, *Du nouveau sur Bodo-Éléazar,* dans REJ, t. XII, 1953, pp. 35-36.

qu'ils ont été étudiés surtout par des historiens juifs[28]. Toutefois, ils constituent indéniablement un aspect de l'histoire des relations entre juifs et chrétiens, aspect qui est loin d'être secondaire.

Bodo était Alaman d'origine (l'empire fondé par Charlemagne exista jusqu'en 843). Il avait été élevé à la cour de Louis. Comme nous l'avons dit, les juifs étaient alors nombreux à la cour. Il est probable que c'est là qu'il fit la connaissance de l'un ou de plusieurs d'entre eux ; ceux-ci l'instruisirent du judaïsme. L'Ancien Testament était alors peu connu des chrétiens. Les rapports entre les deux Testaments, qui avaient été étudiés et mis en lumière par de nombreux Pères de l'Église jusqu'au Vᵉ siècle, n'étaient plus un centre d'intérêt. La correspondance de Bodo témoigne d'une méconnaissance complète de la théologie d'Origène, de saint Jérôme ou de saint Augustin, pour ne citer que les principaux de ceux qui avaient étudié de près comment les chrétiens pouvaient et devaient vénérer à la fois les deux parties de la Bible, qui s'éclairent l'une l'autre[29].

Nous savons par sa correspondance avec Alvare que, tenté par le judaïsme, il demanda à l'Empereur l'autorisation d'aller à Rome en pèlerinage ; en réalité, ce n'était qu'un prétexte. Il partit pour l'Espagne. Sans doute avait-il appris par ses relations juives qu'il y avait beaucoup de juifs, et qu'ils y étaient très influents. En outre, Bodo y était inconnu et il avait l'espoir d'y passer inaperçu, ce qui n'était pas le cas en France. Mais il rencontra sur son chemin, avant de franchir les Pyrénées, une communauté juive importante, peut-être à Bordeaux ou à Bayonne ; il s'y convertit au judaïsme en même temps qu'un neveu qui l'accompagnait. Il prit alors le nom juif d'Éléazar, ce qui signifie : que Dieu justifie. Il passa en Espagne à Saragosse, puis à Cordoue. Il laissa pousser sa barbe (ce qui était et est encore souvent une pratique juive),

---

28. En particulier par Bernhard BLUMENKRANZ et Cecil ROTH, deux auteurs que nous citerons très souvent.

29. Cf. D. JUDANT, *Judaïsme et Christianisme,* chap. VII.

prit une femme juive, et fut adopté par la communauté juive de Saragosse, assez nombreuse et florissante. A son arrivée en Espagne, si l'on en croit Prudence de Troyes, il aurait vendu comme esclaves aux musulmans les membres de son escorte.

On a dit qu'après sa conversion, Bodo avait pris l'habit militaire. Blumenkranz montre très justement qu'il s'agit d'une erreur d'interprétation[30]. En réalité, Bodo portait l'insigne distinctif des juifs en Espagne, qui, à l'époque, était une ceinture. Il avait reçu une éducation soignée et il était cultivé :

> il mit sa science et son talent au service de sa nouvelle foi,

nous dit Blumenkranz[31]. Il fit du prosélytisme et essaya même d'user de la force pour persuader les chrétiens d'embrasser le judaïsme. Il semble qu'il ait poussé les musulmans contre les chrétiens, et que ceux-ci aient demandé son expulsion.

Ces événements se passaient autour des années 840-850. En France, Charles II le Chauve succéda à son père Louis le Pieux en 840. L'Empire de Charlemagne est démembré en 843. La France est attaquée par les Normands à l'Ouest et les Sarrasins au sud. Ceux-ci sont en Espagne depuis un siècle environ. Ils y ont amené la religion musulmane. Leur influence n'a laissé aux chrétiens que certaines régions, et les siècles suivants verront se développer la lutte entre chrétiens et musulmans, lutte qui se terminera seulement en 1492 par l'expulsion des Sarrasins d'Espagne.

Si l'on en croit Prudence de Troyes, Bodo aurait mis des chrétiens en mesure de choisir entre le christianisme et l'Islam :

> *Relicta christianae fidei religione ad Judaeorum insaniam Sarracenorumque dementiam se converterent, aut certe omnes interficerentur*[32].

---

30. *Du nouveau sur Bodo-Éléazar*, pp. 38-39.
31. *Un pamphlet juif médio-latin de polémique antichrétienne*, RHPR, t. 34, 1954, pp. 401-404.
32. *Annales Bertiniani*, MGH, t. 1, 442 (= P.L. CXV, 1400).

(Après avoir rejeté la foi chrétienne, ils devaient se convertir à la folie des juifs ou à la démence des Sarrasins, ou alors que tous soient mis à mort.)

Il semble donc que Bodo-Éléazar ait agi auprès des musulmans pour mettre les chrétiens dans l'alternative de choisir entre la mort et la conversion à l'Islam ou au judaïsme. Il aurait donc préféré l'Islam au christianisme, et il aurait même essayé de supprimer toute existence du christianisme dans la partie musulmane de l'Espagne. Les chrétiens se seraient alors adressés à Charles le Chauve pour lui demander de faire revenir Bodo en France. Mais il ne semble pas que ce roi ait obtempéré, soit par impossibilité pratique, soit plutôt par souci de ne pas contrarier les juifs avec qui il continuait à sympathiser, à l'exemple de son père. Telle est du moins l'opinion de Blumenkranz. Cette intervention des chrétiens d'Espagne éveilla toutefois l'attention des évêques des deux côtés des Pyrénées. Mais les évêques d'Espagne sont beaucoup plus préoccupés de l'influence musulmane, alors grandissante, que de celle des juifs. En revanche, il est probable que le renouvellement des mesures canoniques antijuives aux conciles de Meaux et de Paris en 845 et 846 ont un rapport avec le cas de Bodo.

Les expressions « folie » et « démence » employées par Prudence de Troyes pour caractériser respectivement le judaïsme et l'islam sont courantes à l'époque. Les clercs ne sont pas tendres pour les religions qui combattent le christianisme. L'esprit de tolérance n'existe pas. Ce principe vaut alors pour toutes les religions. Et les luttes politiques sont intimement mêlées aux questions religieuses : de la suprématie des Espagnols et des Francs, ou de celle des Sarrasins, dépendait la survie en Europe occidentale du christianisme ou de l'Islam.

Cette intervention de Bodo auprès des musulmans est le dernier épisode connu de sa vie. Nous ne saurons plus rien de lui. Il mourut sans doute en Espagne, fondu dans la communauté juive. Nous avons dit qu'il avait pris le nom juif d'Éléazar, et on le nommera couramment Bodo-Éléazar. Or ce nom hébreu appelle une remarque qui semble n'avoir pas été faite. Nous avons déjà rencontré un converti qui avait pris le nom d'Abraham, et nous en avons donné les raisons. Tout prosélyte recevait un nom juif. Mais pourquoi Bodo prit-il celui d'Éléazar que nous ne retrouverons chez aucun autre converti ? Peut-être lui-même l'avait-il choisi à cause du sens de ce nom : le protégé de Dieu. Mais il y a peut-être une autre raison à ce choix. Éléazar est le nom du fils d'Aaron, le deuxième grand-prêtre. C'est sans doute en référence à son ancienne qualité de diacre que Bodo reçut ou choisit ce nom qu'il sera seul à porter parmi les convertis de son espèce.

Une controverse s'est élevée au sujet de Bodo. On a dit qu'il s'était converti de lui-même, sans influence extérieure, à la seule lecture de l'Ancien Testament[33]. Mais, comme l'a fait très justement remarquer Blumenkranz, cette opinion est contredite par Amolon et Prudence de Troyes[34] : tous deux accusent l'influence des juifs.

B. Blumenkranz a reconstitué, d'après les citations des lettres d'Alare, celles de Bodo. Pour la première fois, nous connaissons donc les raisons qui ont incité un chrétien à changer de religion. Dans le cas de Bodo, il reprend à son compte les arguments des juifs tels qu'ils se trouvent déjà dans les Talmuds et ont été conservés jusqu'à nos jours. Le christianisme lui paraît un tissu de mensonges, et le judaïsme représente, à ses yeux, la vérité :

> J'ai quitté cette foi réprouvée et abjecte, mensongère et maudite, horrible et détestable et vile, et j'ai choisi la foi glorieuse et vraie[35].

---

33. Cf. Allen Cabaniss, *Bodo-Eleazar, a famous Jewish Convert, Jewish Quarterly Review*, t. XLIII, 1952-1953, pp. 313-328.
34. B. Blumenkranz, *Du nouveau sur Bodo-Éléazar*, p. 36.
35. B. Blumenkranz, *Un pamphlet...*, p. 405.

Comme les juifs, Bodo met donc le christianisme en accusation. Comme eux encore, il accuse le christianisme d'idolâtrie : pour lui, seul le judaïsme vénère le vrai Dieu [36]. Il reprend la vieille accusation juive selon laquelle les chrétiens ne croient pas en un seul Dieu, mais en trois. Il considère Jésus comme un homme, et ne croit pas en sa divinité.

> Vous, chrétiens, vous vous êtes convertis à un homme mortel.

Les mystères de la Rédemption et de la Résurrection lui sont inaccessibles. Pour lui encore, « les chrétiens sont pires que les païens ». Le Messie ne serait pas encore venu, et seuls les juifs posséderaient le texte authentique de l'Écriture. Il récuse donc le Nouveau Testament dans sa totalité :

> Nous, juifs, nous avons un seul texte de l'Écriture, et un seul culte.

Il accuse saint Jérôme d'avoir donné à l'Écriture une traduction faussée, celle des Psaumes mise à part. Chez les chrétiens, il y aurait autant de sens différents que de traductions. Il leur fait grief de ne pas observer « les cérémonies de la Loi », et les accuse d'être « animés du désir de l'argent et des passions ». Il porte de graves accusations contre les prêtres catholiques, allant jusqu'à les accuser d'avoir des rapports avec les femmes dans les églises. Récusant tout le Nouveau Testament, il refuse en même temps l'ensemble de la théologie chrétienne. En particulier, il proteste contre l'idée du remplacement d'Israël en tant que peuple de Dieu :

> Vous dites que l'Église des Gentils a supplanté Israël.

Il s'appuie sur Isaïe (40, 15), pour déclarer que

---

36. Cette accusation reprise par Bodo subsiste encore chez certains juifs. Mais d'autres ont compris qu'elle est fausse et que c'est bien leur Dieu qui est aussi adoré par les chrétiens.

> toutes les nations (contrairement au peuple juif) sont
> devant le Seigneur comme une goutte d'eau.

Il avoue que des phrases analogues de l'Ancien Testament l'ont amené à « judaïser ». Et il va jusqu'à souhaiter qu'il en soit ainsi pour d'autres.

> *Utinam et vos cogant.* Qu'elles vous y poussent aussi.
> Mais, si vous ne voulez pas écouter, allez, gardez votre
> Jésus. Mais prenez garde (à la vengeance de Dieu)...

Le dialogue entre Alvare et Bodo permet deux constatations principales : Bodo semble n'avoir jamais compris la foi chrétienne, et il a repris à son compte tous les arguments de la polémique judéo-chrétienne. Il semble qu'il ait été mal instruit de la théologie chrétienne. Bodo a sans doute découvert l'Ancien Testament par les juifs, et il a accepté leur interprétation en même temps qu'il recevait le texte lui-même. Avant sa conversion il n'avait lu l'Ancien Testament que dans les traductions latines, mais il ne paraît pas connaître vraiment l'interprétation chrétienne de l'Écriture. Il semble avoir appris l'hébreu de ses maîtres juifs. Ce qui frappe le plus dans les arguments de Bodo contre le christianisme, c'est qu'il paraît les avoir repris de l'arsenal de la polémique judéo-chrétienne, très développée à son époque.

En effet son grief fondamental envers le christianisme est l'accusation d'idolâtrie. D'après lui, les chrétiens adoreraient trois dieux dans la Trinité. Or le mystère de la Trinité s'associe à la foi au Dieu unique. C'est bien le Dieu des juifs que vénèrent et adorent les chrétiens : « un seul Dieu en trois personnes ».

Il semble donc que Bodo, en découvrant le Dieu de l'Ancien Testament, ait été incapable de percevoir le mystère chrétien fondamental. Était-il d'un tempérament influençable, et s'est-il trouvé incapable de résister aux arguments de ses amis juifs ? C'est probable. En tout cas, cette accusation d'idolâtrie a été faite très tôt par les juifs. On en trouve déjà la trace dans le *Dialogue avec Tryphon,* de saint Justin. De nombreux chrétiens, évêques, prêtres ou laïcs, en ont discuté avec les juifs sans se laisser convaincre par eux. Il n'en a pas été de même pour Bodo. De même a-t-il accepté les arguments des juifs contre la virginité de Marie. Le seul élément original à Bodo est l'opposition qu'il trouve entre le « seul texte de l'Écriture » des juifs, et la diversité des traductions des chrétiens. La lecture du texte hébreu lui paraît préférable aux traductions, et il en est bien ainsi. Mais en face de la diversité d'interprétation des juifs et des chrétiens sur certains passages de l'Écriture, Bodo donne systématiquement raison aux juifs.

Depuis l'origine, juifs et chrétiens n'avaient pas cessé de polémiquer. Les nombreux traités *Adversus Judaeos* jalonnent les siècles [37]. Alors que les chrétiens s'efforcent de trouver les arguments pour convaincre les juifs à partir même de l'Ancien Testament, Bodo fait exactement le contraire : il insiste sur la vérité de l'interprétation juive, et l'erreur des chrétiens. Il semble qu'il ne tienne aucun compte de l'exégèse de l'Ancien Testament telle qu'elle est donnée dans le Nouveau, et par Jésus lui-même. Il ignore le lien des deux Testaments tel qu'il avait été développé en particulier par Origène, Jérôme, Augustin. Cette évolution de Bodo semble due à l'enseignement qu'il a reçu ; alors que le christianisme s'est détaché peu à peu de ses racines, l'enseignement chrétien du IXᵉ siècle ne fait plus à l'Ancien Testament la place qui lui revient. Bodo a donc la connaissance d'un christianisme qui ne repose pas sur une histoire du salut qui soit homogène. Il est difficile de savoir s'il a perdu la foi au Christ parce qu'il n'a pas vu le lien de cette foi avec celle des Patriarches, ou si la foi de ceux-ci lui a paru incompatible avec la foi chrétienne telle qu'il la concevait. Il semble qu'en tout cas, ce soient des raisons d'ordre religieux qui expliquent le comportement de Bodo. Toutefois, il n'est pas impossible que ce soient aussi des causes d'ordre moral : le judaïsme autorisait le mariage que sa qualité de clerc catholique lui interdisait. Quoi qu'il en soit, il a fallu incontesta-

---

37. Cf. BLUMENKRANZ, *Juifs et chrétiens dans le monde occidental...*, pp. 68-84, et *Vie et survie de la polémique antijuive, Studia Patristica*, vol. I, t. I, Berlin, 1957, p. 461.

blement à Bodo un certain courage pour quitter son poste à la cour et s'engager dans l'inconnu. Le judaïsme continuait à conserver de l'attrait pour les chrétiens, et la conversion de Bodo allumera une véritable colère chez Agobar et Amolon. Ceux-ci sont mus par le désir de défendre la foi chrétienne, mais leur fougue les incitera à user de formules très dures pour les juifs. Nous avons vu Bodo agir de même envers les chrétiens : il s'agit d'une guerre à mort entre deux expressions de la foi au même Dieu qui sont incompatibles. Il n'y a pas entre elles de concession possible.

Exactement à la même époque aurait eu lieu, si l'on en croit Florence de Wevelinkhofen, la conversion similaire d'un certain Guillaume ; elle aussi fit scandale[38]. De ce Guillaume, nous ne savons rien de plus. Blumenkranz émet l'hypothèse qu'il s'agit peut-être de Bodo[39]. Rien ne permet de penser qu'il y ait identité entre les deux convertis alors que, au contraire, le climat de l'époque laisse plutôt supposer qu'ils ont pu être nombreux.

De son côté, Basnage fait état d'un moine converti au VIIIe ou IXe siècle.

> Un moine professa le judaïsme et avoua que son monastère était rempli de Frères qui avaient le même sentiment, sans avoir le même courage[40].

Il n'est pas impossible que ce moine soit celui du mont Sinaï dont il a été question ci-dessus[41].

Il n'est donc pas étonnant qu'à la fin du VIIIe siècle, Paul Diacre ait fait état du danger que les juifs représentaient pour la foi des chrétiens. Cette situation subsistait encore un siècle plus tard. La polémique allait continuer.

---

38. J. FICKER, *Geschichtesquellen des Bistums Münster*, Münster, 1851, t. 1, 7 ss.
39. Cf. *Du nouveau sur Bodo-Éléazar*, p. 42.
40. BASNAGE, ouvrage cité, p. 370.
41. Cf. *supra*, p. 44.

CHAPITRE III

LA FIN DU MOYEN AGE
OBADYA

Tout le Moyen Age sera marqué par la tension entre les rapports étroits et amicaux des juifs et des chrétiens d'une part, les mesures prises par les autorités ecclésiastiques et civiles pour éviter ces rapports, d'autre part. Le renouvellement constant des mesures à l'encontre des juifs montre avec évidence qu'elles ne passaient pas dans les faits. La meilleure preuve en est la conversion de plus en plus fréquente de chrétiens au judaïsme au cours des XIᵉ et XIIᵉ siècles. En outre, la littérature chrétienne continue à témoigner de l'influence des juifs. Au XIᵉ siècle, l'œuvre de Pierre Damien est particulièrement caractéristique. Son *Antilogus* et son *Dialogus* mettent en garde les chrétiens contre la pensée juive. Il s'agit tout autant de lutter contre l'influence juive que d'amener les juifs à la foi chrétienne.

> Souvent... l'ignorance et l'absence de mise en garde non seulement engendrent l'audace chez les « infidèles » *(incredulis),* mais font naître l'erreur et le doute dans le cœur des fidèles [1].

La même crainte se reflète dans l'*Annulus* de Rupert de Deutz. Juifs et chrétiens vivent d'autant plus en bonne intelligence qu'il n'y a pas encore de ghettos : les contacts sont donc faciles et fréquents [2].

---

1. Pierre DAMIEN, *Antilogus contra Iudaeos,* PL 145, 41.
2. Cf. Henri de LUBAC, *Exégèse médiévale. Les quatre sens de l'Écriture.* Seconde partie, t. I, Paris, 1961, pp. 147-150.

La contagion était toujours à craindre, qu'elle vînt d'une lecture mal orientée de la Bible ou plus encore de la fréquentation des milieux juifs[3].

Des chrétiens cultivés se mettent à l'école des juifs pour apprendre l'hébreu et accéder ainsi à la lecture de l'Ancien Testament comme avaient fait Origène et saint Jérôme. Les discussions entre chrétiens et juifs, que nous avons vues naître et se développer au cours des siècles précédents, surtout aux IXe et Xe siècles, continuent jusqu'au XIIIe siècle. La controverse entre un juif et un chrétien du nom de Gilbert Crispin semble authentique. L'un et l'autre défendent leur religion avec des arguments valables des deux côtés[4]. D'après Guillaume de Malmesbury, l'une de ce discussions théologiques aurait eu pour enjeu la conversion au judaïsme du roi d'Angleterre Guillaume II le Roux[5] (✝ en 1100). Il semble en réalité que ce roi (le successeur de Guillaume le Conquérant) traita si bien les juifs qu'il s'attira des remontrances du clergé qui lui reprochait « son manque de religion et sa vénalité[6] ». Il aurait lui-même organisé une grande controverse religieuse à Londres, et aurait dit, mais sans doute en plaisantant, que si les juifs l'emportaient, « il se rallierait à leur secte[7] » *(sic)*.

Il semble que les juifs aient passé en assez grand nombre en Angleterre au cours du XIe siècle. Au cours des siècles précédents, nous en avons trouvé en Espagne et en France : ils venaient d'Afrique du Nord[8]. Un

---

3. H. de LUBAC, ouvrage cité, p. 148.

4. Le texte de la *disputatio* a été restitué par B. BLUMENKRANZ, *Stromata patristica et mediavalia Gilberti Crispini Disputatio judaei et christiani,* Utrecht-Anvers, 1956. Cf. Isidore LÉVI, *Controverse entre un juif et un chrétien au XIe siècle,* REJ, t. V, 1882, p. 238.

5. Jean TOURNIAC, *Principes et Problèmes spirituels du rite écossais rectifié,* Paris, 1969, p. 133.

6. S.W. BARON, *Histoire d'Israël, Vie sociale et religieuse,* t. IV, Paris, 1961, p. 87.

7. William de MALMESBURY, *De gesti regum Anglorum,* IV, 317, cité par BARON, *Histoire d'Israël,* t. IV, p. 87.

8. On sait que les juifs se scindent en deux branches : les Sepharades, venus du Moyen-Orient par l'Afrique du Nord, d'où ils ont

autre mouvement se développa à partir de l'Europe orientale, traversa la Pologne et l'Empire d'Allemagne. Nous savons qu'il y avait des juifs à la cour de Louis le Pieux. Certains d'entre eux gagnèrent sans doute l'Angleterre en passant par les Pays-Bas où un grand nombre s'établit. Il y avait donc des juifs dans toute l'Europe.

> « Les juifs démolissent la foi chrétienne », écrit un auteur d'un *Traité contre les Juifs* [9].

La supériorité du judaïsme sur le christianisme continue de convaincre certains chrétiens comme au temps de saint Jean Chrysostome.

> Ils disent que la loi des Juifs est meilleure que celle des chrétiens [10].

D'autre part, il existe toujours des courants judaïsants. Une lettre d'un moine du XIIe siècle, Hélinand, prouve que l'ébionisme existe encore [11]. Il n'est d'ailleurs pas certain que les mouvements judaïsants dont on trouve la trace dans la littérature de l'époque soient tous dus à l'influence juive.

> Il n'est nullement besoin de la présence de juifs pour provoquer des tentations judaïsantes ; l'Ancien Testament à lui seul est le point de départ de nombreux mouvements de cette sorte, mouvements isolés, sporadiques, sans aucune liaison entre eux [12].

---

passé en Espagne, au Portugal et dans le Midi de la France, et les Ashkenazes, arrivés par l'Europe orientale, la Pologne et l'Allemagne d'où ils gagnèrent le nord de la France, l'Angleterre et les Pays-Bas.

9. Cité par MARTÈNE et DURAND, *Thesaurus novus anectorum,* t. V, p. 1510. Cf. J. ROSENBOOM, *Conversion to Judaïsm,* Cincinnanati, 1978, p. 71.

10. BAISETTE, *Histoire générale du Languedoc,* p. 372. Rapporté par GRAETZ, *Geschichte der Juden,* Leipzig, 1871, t. VI, p. 217.

11. HÉLINAND, Épître VI, P.L. 212, 516 D. Cf. B. BLUMENKRANZ, *Une survie médiévale de la polémique antijuive de s. Augustin, Revue du Moyen Age latin,* t. V, 3-4, 1949, p. 195.

12. B. BLUMENKRANZ, *Altercatio Aecclesiae contra Sinagogam,*

Quoi qu'il en soit, l'orthodoxie de la foi chrétienne restait menacée par ces mouvements qui continuaient ou reprenaient les premières tendances hérétiques.

Il n'est donc pas étonnant que, dans cette ambiance, l'on trouve trace de plusieurs conversions, en particulier de clercs ; les études faites par ceux-ci les exposaient au danger plus que les simples fidèles. A l'époque, ces derniers ignoraient pratiquement l'Ancien Testament, à part certains passages lus pendant la messe, mais beaucoup plus rarement commentés que l'épître ou l'évangile : détachée depuis dix siècles du judaïsme de l'Ancien Testament, obligée de lutter contre la concurrence du judaïsme post-christique, l'Église étudiait surtout le Nouveau Testament. C'était lui qui était commenté et expliqué aussi bien pour l'enseignement des fidèles dans les églises que pour les besoins du développement du dogme chrétien : depuis le IVe siècle, l'enseignement officiel du magistère dans les Conciles était centré sur la christologie. L'Ancien Testament continuait d'être honoré, mais son lien avec le christianisme s'était estompé, on ne le percevait plus. Il arrivera donc que des clercs, instruits d'un christianisme sans racine, s'enthousiasmeront pour l'Ancien Testament en le découvrant.

Tel semble avoir été le cas de Vécelin.

Vécelin

Tout au début du XIe siècle, en 1005 ou 1006, un prêtre du nom de Vécelin, chapelain du duc Conrad, parent lui-même du roi Henri II qui devait devenir empereur d'Allemagne en 1014, passa au judaïsme. Il écrivit une apologie de sa conversion, à la fois pour se justifier et pour entraîner d'autres chrétiens à le suivre : comme Bodo, il entendait faire des émules. L'écrit de Vécelin nous a été conservé parmi les œuvres de saint Symphorien de Metz qui fut chargé par Henri II de le

---

Texte inédit du Xe siècle, *Revue du Moyen Age latin,* t. X, 1954, p. 10.

réfuter : il semble donc que le pouvoir politique ait pris l'initiative de combattre cet exemple.

Depuis Constantin, le christianisme était considéré comme un facteur d'unification et de stabilité politique. Au contraire, les juifs constituaient, pour le gouvernement impérial, un élément hétérogène qui risquait, par sa seule présence, de causer des désordres et surtout de rompre l'unité de la communauté politico-religieuse. C'est ce qui semble expliquer l'attitude d'Henri II qui, auparavant, avait été favorable aux juifs.

Nous ne savons rien de ce qui arriva à Vécelin après sa conversion. De lourdes peines frappaient alors les apostats. Vécelin en fut-il victime ? Parvint-il à s'enfuir ? Nous l'ignorons. Les juifs de Mayence furent expulsés par Henri II en 1012 ; est-ce en punition de la conversion de Vécelin ? Peut-être [13]. Et cette expulsion a pu entraîner la disparition de documents le concernant. Tout ce que nous savons de Vécelin provient donc de son écrit. Celui-ci est un hymne au judaïsme contenant de graves attaques contre le christianisme :

> Lis, stupide, le prophète Habacuc... (qui dit) : « Je suis Dieu et je ne change pas. » Or il s'est changé dans votre foi... Que réponds-tu, animal ? [14]

Vécelin fait ici allusion à Ml 3, 6 :

> Oui, moi, le Seigneur, je ne change pas.

Vécelin voit donc dans l'incarnation un « changement » en Dieu, alors que, selon la foi chrétienne, Dieu est immuable comme le soutient la foi juive. Mais Vécelin n'entre pas dans le mystère de l'Incarnation. Il semble d'ailleurs qu'il ait mis en cause le messianisme en tant que tel. Pour lui, Dieu n'aurait pas promis d'envoyer « un fils de l'homme » (Dn 7, 13), et il paraît ignorer la croyance messianique juive elle-même : la conception de l'Ancien Testament lui suffit. Il s'agit d'un Dieu transcendant qui a choisi les juifs une fois

---

13. Cf. B. BLUMENKRANZ, ouvrage cité, p. 168.
14. PERTZ, *Monumenta Historiae Germaniae*, II, 23 ; VI, 704-720.

pour toutes sans s'intéresser aux païens : l'Ecriture le nomme « le Dieu d'Israël », et non le Dieu des païens. Et le Psaume 104 ne déclare-t-il pas :

> Il se rappelle à jamais son alliance...
> pacte conclu avec Abraham
> serment qu'il fit à Isaac.

Donc cette alliance serait toujours valable, et avec les juifs seulement. En conséquence, la Loi de Moïse demeurerait toujours en vigueur et surtout la circoncision. Vécelin n'accepte pas l'interprétation de la Loi donnée par les premiers chrétiens et en particulier par saint Paul. La conception de Vécelin manifeste une ignorance complète de l'interprétation chrétienne de l'Écriture et de la dimension historique du christianisme. On ne peut dire qu'il s'agisse d'une réfutation de cette interprétation : elle est passée sous silence.

Il semble que l'exemple de Vécelin ait provoqué d'autres conversions, ce qui poussa Albert de Saint-Symphorien de Metz à combattre explicitement les idées de Vécelin et à exposer dans son œuvre la conception chrétienne de l'histoire du salut[15].

Sans aller jusqu'à la conversion au judaïsme, certains chrétiens subissaient l'influence juive et partageaient leurs coutumes. Selon Fulbert de Chartres, le comte Raynaud de Sens « s'adonnait aux coutumes des Juifs jusqu'à se déclarer leur roi »[16]. Fulbert intervint vigoureusement pour mettre ses fidèles en garde contre cette influence[17]. Peut-être ce comte Raynaud était-il un

---

15. ALBERT de Saint-Symphorien de Metz, *De diversitate temporum*, 1, 7 et 2, 22-24 ; PL 140, 457 et 484-490.
Édition critique par A. HULSHOF, dans *Werken uitgegeven door het Historisches Genootschap*, 3ᵉ série, t. 37, Amsterdam, 1916, pp. 11 et 54-65.
16. B. BLUMENKRANZ, *A propos du (ou des) Tractatus contra Judaeos de Fulbert de Chartres, Revue du Moyen Age latin,* janvier-mars 1952, t. VIII, n° 1, p. 54.
17. FULBERT DE CHARTRES, Epître 214, PL 141, 211.

croisé ? En effet, à partir du XIe siècle, un événement historique va modifier sensiblement les rapports entre juifs et chrétiens : les croisades.

Il semble que tous les historiens soient d'accord pour admettre que la date de 1096, qui est celle de la Première Croisade (1096-1099) marque un tournant dans l'histoire des juifs. C'est aussi un nouvel aspect de l'histoire de la chrétienté qui apparaît, un aspect qui est loin de l'idéal évangélique. Les chrétiens avaient arrêté l'avance des musulmans à Poitiers en 732. Au début du XIe siècle, le même danger vint de l'Est : les Turcs, musulmans eux aussi, conquirent l'Asie Mineure et la Terre Sainte. Est-ce les contacts avec les musulmans qui ont donné aux chrétiens l'idée de la « guerre sainte » ? Il est difficile de le préciser. Depuis Constantin, les intérêts de l'Église et du pouvoir politique étaient intimement mêlés en Occident. Mais il semble bien que l'initiative de la Première Croisade revienne au pape Urbain II : il fallait « délivrer » le Saint-Sépulcre de la domination musulmane. L'esprit de la croisade éveilla chez les chrétiens le meilleur et le pire. L'intention était excellente, mais tous les moyens apparurent bons.

> Depuis la grande vague d'expulsions et de conversions forcées au VIIe siècle, les juifs avaient été en butte de temps à autre à des manifestations d'intolérance ou même à des émeutes sanglantes qui avaient causé des pertes en vies humaines. Mais ces « incidents » étaient toujours localisés ou sporadiques ; ils n'étaient pas prémédités et ne répondaient pas à un plan d'action générale. A partir de la Première Croisade, les persécutions antijuives connurent un caractère de contagion des plus dangereux et dégénérèrent, dans les moments de grande tension, en psychose qui débordait les frontières nationales [18].

Les croisades étaient à l'origine des mouvements dirigés contre les musulmans. Mais l'excitation et la ferveur religieuse entraînèrent dans le même opprobre tous les

---

18. S.W. BARON, ouvrage cité, t. IV, p. 100.

ennemis des chrétiens. Or les Pères de l'Église avaient accusé les juifs en général d'être responsables de la Passion et de la mort du Christ. Ils avaient donné au peuple juif tout entier, aussi bien à celui contemporain de Jésus qu'à celui des siècles suivants, la responsabilité des souffrances du Seigneur et du refus de la foi en lui. Ils n'avaient pas pris en considération qu'une partie des juifs avaient reconnu le Christ, ni que l'Église avait été formée sur eux et par eux. Et les Pères identifiaient les juifs qui étaient leurs contemporains à ceux de l'Évangile, sans remarquer que leur situation par rapport à la foi était toute différente. Pour eux, seuls les juifs, et tous les juifs, avaient cloué Jésus sur la croix. Il faudra attendre le Concile de Trente (1545-1563) pour que l'Église déclare officiellement que le Christ est mort pour tous les hommes, et que ce sont les péchés de tous qui l'ont conduit à la mort.

Les juifs étaient donc considérés comme des ennemis du Christ et des chrétiens. Ceux-ci voulaient délivrer le Saint-Sépulcre, et avaient pris les musulmans, ennemis des chrétiens, en haine. Mais les juifs n'étaient-ils pas tout autant les ennemis des chrétiens ? Ce raisonnement conduisit aux pires exactions envers les juifs, en particulier en Allemagne. Les chefs de l'Église, et quelquefois les souverains, s'efforcèrent de calmer les masses populaires, mais furent souvent impuissants à le faire. Louis le Pieux, au IXᵉ siècle, avait accordé aux juifs des « lettres de protection » qui exigeaient que la législation générale leur soit appliquée, et non une législation d'exception. Le pape Alexandre II, en 1063, ne permit pas que l'on s'attaque aux juifs (B. Blumenkranz, pp. 301 et 384). Lors de la prédication de la Première Croisade, en 1096, un accord avait été conclu entre Pierre l'Ermite et les juifs : le prédicateur devait parler d'eux en bons termes. A la même époque, Jean, évêque de Spire, s'efforça d'arrêter le massacre des juifs et de les protéger. De même encore, à Mayence, l'archevêque Rottard essaya de calmer la fureur des croisés déchaînés contre les juifs et de donner asile aux juifs persécutés, mais ses efforts furent vains. A Trèves, l'évêque dut se cacher pour éviter les poursuites provoquées par le fait qu'il avait défendu les juifs. A Prague aussi, l'évêque défendit les juifs.

> Les chefs de l'Église et les catégories les plus éclairées de la population tentèrent de sauver leurs voisins juifs pour des raisons d'humanité, pour obéir aux lois établies et aux ordres exprès de l'empereur ou pour répondre à l'appel d'attraits plus substantiels,

nous dit l'historien S.W. Baron, peu enclin à l'indulgence envers l'Église.

Lors de la prédication de la Deuxième Croisade, en 1146, saint Bernard fait remarquer que l'amour des juifs doit faire partie de l'amour du prochain. Et en 1179, le troisième Concile du Latran prend la défense des juifs : leur témoignage devait avoir la même valeur que celui des chrétiens, et les juifs convertis étaient protégés contre les exactions, ces mesures bienveillantes se situant toutefois dans le cadre de mesures de protection contre l'influence des juifs sur les chrétiens [18 bis].

C'est dans ce contexte qu'ont eu lieu un certain nombre de conversions de chrétiens au judaïsme. Il est certain qu'il y fallait de l'héroïsme. Il semble, d'une part, que ces chrétiens aient été écœurés par l'attitude des croisés, tant envers leurs ennemis directs qu'envers les juifs. D'autre part, il est possible aussi que la connaissance de la Terre Sainte, le pays qui était non seulement celui de Jésus, mais aussi celui de l'Ancien Testament, ait aidé certains chrétiens à le découvrir : les seigneurs étaient mal instruits de leur religion, et, nous l'avons vu, surtout de ses racines. Enfin, ils ont trouvé en Palestine des juifs qui y étaient restés : n'y avait-il pas là un témoignage de continuité ? Ces trois éléments ont probablement joué tous ensemble.

Certains cas de conversions sont très peu connus, d'autres un peu mieux. Une lettre trouvée dans la geniza [19] du Caire fait mention d'un Arabe chrétien qui

---

18 bis. S.W. Baron, ouvrage cité, t. IV, pp. 110-114, et *Histoire de l'Église,* Fliche et Martin, t. VIII, p. 295, et t. IX, p. 167.

19. Une « geniza » est une pièce attenante à une synagogue et transformée en dépôt de livres sacrés lorsqu'on ne les utilise plus.

aurait été fait prisonnier pendant une croisade, aurait été libéré, et serait ensuite passé au judaïsme[20]. C'est tout ce que nous savons de ce converti alors que d'autres documents provenant de la même geniza font état de deux convertis célèbres, André, archevêque de Bari, et Obadya. Ils donnent quelques précisions sur eux.

André de Bari

André est d'abord connu comme archevêque de Bari dans l'Italie du sud. D'après les archives de l'archevêché de cette ville, il serait resté archevêque jusqu'en 1078. Puis, c'est le silence, si bien que pendant longtemps on le crut mort à cette date. Mais un fragment d'un écrit d'Obadya, découvert en 1954, a permis d'apprendre qu'en réalité André avait rejoint le judaïsme.

> En ce temps-là[21] André, l'archevêque, c'est-à-dire le grand-prêtre de la ville de Bari, fut attiré par Dieu vers l'amour de la loi de Moïse. Il quitta sa contrée, son office ecclésiastique, tous les honneurs, et partit pour Constantinople où il fut circoncis. Il traversa « diables et troubles » *(sic),* et finalement réussit à sauver sa vie mise en danger par les chrétiens qui cherchèrent à le tuer. Mais le Seigneur, Dieu d'Israël, le sauva de leurs mains à cause de sa foi mise à l'épreuve[22]. Béni soit

---

(Les juifs ne détruisent jamais ces livres par respect pour le nom de Dieu qui y figure.) La geniza du Caire fut prospectée à partir de 1880 environ. Certains manuscrits n'ont pas encore été traduits. La bibliothèque de l'université de Cambridge possède un certain nombre de documents provenant de cette geniza, dont beaucoup demeurent inédits.

20. A. SCHEIBER, *Ein aus Arabischer Gefangenschaft Befreiter Christlicher Proselyt in Jerusalem* (Un prosélyte chrétien libéré d'une prison arabe à Jérusalem), *Hebrew Union College Annual,* vol. 39, 1968, p. 163.

21. C'est-à-dire au temps de la jeunesse d'Obadya. Nous citons *infra* la partie du manuscrit relative à Obadya.

22. Il semble y avoir une difficulté de traduction. La lecture de J.L. Teicher nous paraît meilleure que celle d'A. Scheiber. Cf. note 23.

Ton nom pour toujours, ô Seigneur, toi qui protèges les
prosélytes ! Les gentils le poursuivirent mais ils observèrent ce qu'il avait fait et firent eux-mêmes ce qu'il avait
fait et entrèrent dans l'Alliance du Dieu d'Amour.
L'homme partit pour la ville du Caire où il demeura
jusqu'à sa mort[23].

C'est par ce récit d'Obadya que nous connaissons le
sort d'André de Bari. Les sources chrétiennes passent
cette conversion sous silence, à moins que les passages
concernant André n'aient été détruits comme le furent
les lettres de Bodo-Éléazar. Nous ne connaissons donc
la conversion d'André que par des sources juives[24].

D'après un autre document trouvé au Caire, André
aurait quitté sa patrie en 1066, ce qui ne correspond
pas aux archives de Bari. Celles-ci font mention d'un
autre archevêque à cette date sans faire état du départ
d'André[25].

Pourquoi est-il parti à Constantinople ? Nous en
sommes réduits aux conjectures. Bari est un port sur
l'Adriatique. Il est très possible qu'André y ait fait
connaissance de juifs qui étaient en relations avec
d'autres juifs de Constantinople. Ils auraient conseillé
ce voyage à André pour l'éloigner de son pays d'origine
et le faire entrer dans une communauté juive lointaine.
Il aurait écrit d'Orient, sans doute du Caire, des lettres

---

23. Traduction française d'après la traduction anglaise de J.L.
Teicher, en appendice de l'article d'A. SCHEIBER. *The origins of
Obadyah, the Norman Proselyte*, JJS, 1954, p. 36. Une autre traduction anglaise du même passage se trouve dans A. SCHEIBER,
*Fragments from the chronicle of Obadyah, the Norman Proselyte,
from the kaufmann Geniza, Acta Orientalia Hungariae*, t. III, 1953,
p. 280. On peut remarquer que le texte cité a une résonance authentiquement juive.
24. B. BLUMENKRANZ, ouvrage cité, p. 169. Outre le livre de Blumenkranz, nos sources sont les articles cités en note 23, A. SCHEI-
BER, *Acta Orientalia Hungariae 4*, 1954, p. 276, et *Some notes on
the conversion of Archbishop Andreas to Jerusalem*, JJS, vol. 15,
N° 3 et 4, 1964, p. 159 ; B. BLUMENKRANZ, *La conversion au
judaïsme d'André, Archevêque de Bari*, JJS, vol. 14, N° 1-4, 1963,
p. 35-36, ainsi que le manuscrit d'Obadya cité *infra*.
25. B. BLUMENKRANZ, *La conversion au judaïsme d'André...*,
p. 35.

à de hauts dignitaires de l'Église pour prouver la vérité de la foi juive. Il aurait aussi rédigé un manuel incitant à la conversion au judaïsme.

Nous savons par le texte d'Obadya cité ci-dessus qu'il entraîna effectivement d'autres chrétiens dans la même voie, mais nous ne savons rien d'eux, à l'exception d'Obadya, car il semble bien que ce soit sous l'influence d'André qu'il se convertit lui aussi : c'est pourquoi il inséra dans ses Mémoires ce passage relatif à André. Le texte d'Obadya fait état d'une arrestation par les chrétiens, mais on ne sait s'il est question d'André ou d'Obadya lui-même. Ce converti, André ou Obadya, aurait été mis en prison et se serait enfui avec l'aide de son geôlier. Blumenkranz pense qu'il s'agit plutôt d'André[26]. On peut en effet supposer qu'André aurait été arrêté à Constantinople par des chrétiens, et qu'il se serait ensuite enfui au Caire où, d'après Obadya, il mourut. Quoi qu'il en soit, on sait très peu de choses sur la vie et l'évolution de ce personnage. Blumenkranz suggère que la conversion d'André aurait été occasionnée par une persécution des juifs de Bari ou de la région. Mais rien ne nous paraît étayer cette hypothèse, d'autant plus que, d'après Blumenkranz lui-même, la détérioration des rapports entre chrétiens et juifs se fit progressivement au cours du XIe siècle et s'aggrava surtout à partir de la Première Croisade. Il semble plutôt, comme d'ailleurs Blumenkranz le souligne, qu'une tentative de conversion forcée des juifs à Bari, en 1086, ainsi que la destruction de la synagogue et son remplacement par une église aient été des réactions à la conversion de l'archevêque. Il est certain que de toute façon le départ de celui-ci dut faire scandale, surtout si la cause en fut connue. Mais nous en sommes réduits aux suppositions.

Obadya

Bien que nous ayons davantage de renseignements sur

---

26. B. BLUMENKRANZ, ouvrage cité, p. 33.

Obadya, sa personnalité demeure mystérieuse et discutée. Les uns pensent qu'il était un grand seigneur normand parti en Orient lors de la Première Croisade, et qui se convertit à cette occasion [27]. D'autres, comme B. Blumenkranz, supposent qu'il s'agit d'un jeune prêtre d'Oppido en Italie ; il aurait été dénoncé, emprisonné, et se serait enfui [28]. De toute façon, Obadya venait d'Italie : si la région était alors une conquête normande. A-t-il connu André à Bari avant son départ ? Il ne le semble pas, mais il en aurait entendu parler lorsqu'il était encore un jeune garçon sous le toit de son père.

Les renseignements concernant Obadya proviennent tous de documents trouvés dans la geniza du Caire [29]. D'après les travaux les plus récents, et les derniers documents déchiffrés [30], son père se nommait De Bo, et sa mère Marie. Ceux-ci auraient eu deux fils jumeaux, Roger et Jean. Roger choisit la carrière des armes, Jean « se consacra à la recherche de la connaissance et de la sagesse ».

C'est à cet endroit que l'autobiographie d'Obadya fait état du passage concernant André de Bari [31].

> L'année dans laquelle Jean reçut les premier ordres des « Princes de la Nuit », dans la maison de son père De Rochez (le nom n'est pas identique à celui indiqué ci-dessus), il eut un rêve : il était en train d'officier dans la basilique... de son propre peuple, quand il vit un homme qui se tenait à droite de l'autel, et qui l'appelait : Jean ! [32]

27. Jacob MANN, *Obadya, prosélyte normand converti au judaïsme et sa megilla* dans REJ, vol. 89, 1930, p. 245. Une megilla est un rouleau de parchemin.

28. B. BLUMENKRANZ, *Juifs et chrétiens...*, pp. 161-162. On sait que la région fut conquise par les Normands au XIᵉ siècle, d'où la présence d'une famille de seigneurs normands.

29. Cf. note 19.

30. Nos sources sont principalement les deux articles d'A. SCHEIBER cités en note 23 et l'article de S.D. GOITEN, *Obadyah, a Norman Proselyte,* dans JJS, vol. IV, 2, 1953, p. 74 s.

31. Cité *supra* p.   .

32. Traduction de TEICHER, p. 36 dans JJS, 1954 ; traduction de A. SCHEIBER p. 280 dans *Acta Orientalia Hungariae*, 1953.

D'après ce passage, il semble bien, en effet, que ce Jean était prêtre, ce qui n'empêche pas qu'il ait pu être d'origine normande et de naissance noble. Il convient de remarquer l'expression « Princes de la Nuit », pour désigner les autorités ecclésiastiques catholiques : juifs et chrétiens s'anathématisaient les uns les autres, et ce Jean, après sa conversion au judaïsme, adopte le langage de ses nouveaux coreligionnaires.

Le traducteur signale que l'on change de feuillet après le passage cité ci-dessus. Il semble y avoir un hiatus entre les deux feuillets puisque le récit d'Obadya continue ainsi :

> Le servant (ou serviteur ?) installa Obadya le Prosélyte dans une maison utilisée par les juifs pour leurs prières, et on lui apporta à manger. Ensuite Isaac, le chef de l'Académie (sans doute la communauté juive ?), prit des dispositions pour qu'Obadya se joignît aux jeunes orphelins pour apprendre la Loi de Moïse et les paroles des prophètes dans les caractères divins et la langue des Hébreux[33].

On ne sait donc rien des raisons précises qui ont poussé Obadya à quitter la religion chrétienne, ni des circonstances dans lesquelles il a été intégré dans une communauté juive. Il nous apprend seulement qu'il fut recueilli par cette communauté et instruit dans le judaïsme. On peut remarquer qu'il a dû être sensibilisé au fait que les juifs continuaient à lire l'Ancien Testament en hébreu comme à l'origine, alors que les chrétiens utilisaient à cette époque le latin pour les deux Testaments. Obadya est touché par l'immutabilité due à l'emploi de la langue hébraïque. De même, nous avons vu que Bodo-Éléazar avait été choqué par les divergences des traductions habituelles chez les chrétiens.

Le texte continue par un passage concernant les mesures prises à l'encontre des juifs par le Calife de Bagdad. Ceux-ci devaient porter un insigne jaune sur leur coiffure, et ils étaient passibles d'une taxe spéciale[34]. Obadya a donc vécu à Bagdad.

---

33. Teicher, p. 35 ; Scheiber, p. 281.
34. On peut remarquer que les mesures prises par les musulmans

D'autres fragments nous apprennent que sa conversion date de 1102, et qu'il visita ensuite les communautés juives d'Orient[35]. Il y apprit l'hébreu et c'est dans cette langue qu'il rédigea ses Mémoires.

On a retrouvé dans la geniza du Caire une lettre de recommandation du rabbin Baruk ben Isaac, de Bagdad. Il est probable qu'il l'avait remise à Obadya pour le recommander aux communautés qu'il visitait, et recevoir d'elles des subsides lui permettant de vivre[36].

> Baruk mentionne que certaines gens de France (peut-être des juifs), lui ont parlé de l'importance de la famille d'Obadya ; son père aurait été un haut dignitaire en Normandie[37].

Jusqu'à présent, dans les archives françaises, on n'a pas retrouvé trace de cette famille. L'aventure d'Obadya ne figure pas non plus dans les récits concernant les croisades.

Toujours d'après ce document du Caire, il serait venu au judaïsme par l'intermédiaire de la théologie chrétienne. On peut donc supposer que son évolution fut assez semblable à celle de Bodo un siècle et demi auparavant : connaissance d'un christianisme qui n'était pas enraciné dans l'Ancien Testament, découverte de cette partie des Écritures, et incapacité d'allier la connaissance et la foi de l'Ancien Testament à l'enseignement du Nouveau.

La qualité de juif aurait été conférée solennellement à Obadya par un « bet-din », on ne sait pas exactement où[38]. (Un bet-din est un tribunal religieux et administra-

---

à l'encontre des juifs ressemblent fort à celles des chrétiens ; il y a certainement eu une influence des uns sur les autres. Celle-ci nous paraît provenir d'Espagne où les chrétiens adoptèrent des mesures prises d'abord par les musulmans.

35. TEICHER, p. 37 ; SCHEIBER, p. 281 ; GOITEN, article cité, p. 77-79.
36. La lettre du rabbin Baruk ben Isaac a été publiée en 1901 par WERTHEIMER dans *Guinzé-Yerouschalaïm*, II, 16 a-17 a. Cf. Jacob MANN, article cité en note 27, p. 245.
37. J. MANN, article cité, p. 249.
38. ID., *ibid.*, p. 249.

tif, chargé de faire appliquer la Loi mosaïque.) Obadya aurait donc été reçu très solennellement dans le judaïsme. Nous trouverons rarement trace d'une telle solennité.

Obadya aurait vécu comme prosélyte à Alep, et il aurait visité ensuite Damas, Baniyas (Dan en Galilée), Tyr et l'Egypte ; il mourut probablement au Caire[39]. A Baniyas, il rencontra un faux messie, Salomon Hakkohen le Caraïte[40]. On ne connaît ni la date, ni les circonstances de la mort d'Obadya. A part les fragments de son autobiographie, on a retrouvé un livre de prières juives lui ayant appartenu. Sur la page de garde, on peut y lire le texte suivant :

> Obadya, le Prosélyte, le Normand, qui est entré dans l'Alliance du Dieu d'Israël au mois d'Elul (septembre) l'année 1413 de l'ère des documents[41], ce qui correspond à l'année 4862 de la création du monde[42] ; lui, Obadya le Prosélyte, a écrit ceci de sa propre main[43].

D'autre part, la lettre de recommandation du rabbin Baruk parle en ces termes d'Obadya :

> (Les juifs[44]) qui habitent ce pays[45] nous ont dit que cet homme venait d'une grande famille et que son père était un grand prince. Cet homme est expert dans l'étude de leurs livres[46], et, parce qu'il a compris les

---

39. Traduction TEICHER, p. 37. Traduction SCHEIBER, p. 281.

40. Les caraïtes sont une secte juive hétérodoxe, refusant l'enseignement des rabbins. Ils ont conservé certaines tendances sadducéennes, alors que le judaïsme orthodoxe est l'héritier des pharisiens. Les caraïtes ont par rapport au judaïsme une position analogue à celle des protestants par rapport à l'Église catholique.

41. L'année 1413 de l'ère des Séleucides, qui commence en 312 avant Jésus-Christ. Cette ère était utilisée couramment par les juifs d'Orient au Moyen Age ; elle est encore en usage chez les Yéménites (d'après S.D. GOITEN, article cité, p. 74, n° 2).

42. Selon le calendrier juif encore en vigueur.

43. S.D. GOITEN, article cité, p. 74-75.

44. Ici le manuscrit comporte une lacune. La suggestion de J. Mann qui reconstitue : « les juifs » est approuvée par S.D. Goiten.

45. Il s'agit de la région d'Alep en Syrie.

46. C'est-à-dire dans l'étude des livres chrétiens.

fausses doctrines qu'il a lues dans les livres, il est retourné *(sic)* au Dieu d'Israël de tout son cœur, de toute son âme et de toutes ses forces[47], et il a embrassé officiellement le judaïsme devant une juridiction juive[48].

S.D. Goiten, l'auteur de l'article dont sont extraites ces lignes, pense, avec raison, nous semble-t-il, que, d'après la lettre du rabbin Baruk, la conversion d'Obadya aurait eu lieu en Italie avant son départ pour l'Orient. Et cette hypothèse confirmerait la probabilité de l'influence d'André de Bari.

Nous avons vu précédemment que l'un des textes découverts dans la geniza du Caire[49] fait état d'un converti dont on ne sait s'il s'agit d'André de Bari ou d'Obadya. Ce converti aurait écrit quatorze traités pour prouver la vérité de la religion juive, et il les aurait envoyés aux plus hautes personnalités de l'Église. Il aurait recopié six de ces traités pour servir de base à une « disputatio »[50] par le moyen de laquelle il espérait convertir ses concitoyens au judaïsme. Il aurait été emprisonné et se serait enfui avec la complicité du geôlier.

S'il est exact que ce converti ait écrit à de hauts dignitaires de l'Église, il est probable qu'il s'agit bien d'André, comme le pense Blumenkranz : une réfutation détaillée du christianisme viendrait plutôt d'une personnalité comme celle d'André que d'un jeune prêtre comme Obadya. Toutefois, Goiten croit que le document en question concerne Obadya. Il n'y a de preuve irréfutable ni pour l'un ni pour l'autre, et rien n'empêche de penser qu'il pourrait s'agir d'un troisième converti dont nous ne savons rien. De toute façon, il est

---

47. On reconnaît ici la citation de Dt 6, 5, fréquemment utilisée dans la liturgie juive.

48. S. D. GOITEN, article cité, p. 75.

49. Cf. note 19.

50. Les discussions religieuses publiques entre chrétiens et juifs étaient courantes à l'époque en Occident ; il s'agissait d'une sorte de joute oratoire où l'on s'efforçait de convaincre l'adversaire ; il semble qu'Obadya, si c'est bien de lui qu'il s'agit, ait tenté d'utiliser le même procédé en Orient.

assez curieux de constater que, s'il est exact qu'Obadya ait écrit à plusieurs personnalités ecclésiastiques, on n'ait trouvé aucune trace de ces écrits dans la littérature chrétienne.

Les documents du Caire concernant Obadya font état de plusieurs mouvements messianiques qui eurent lieu au Moyen-Orient vers 1121 et dans les années qui suivirent. Il semble qu'Obadya s'y soit grandement intéressé. Ayant refusé Jésus comme Messie, il devait reconnaître plus ou moins consciemment que le judaïsme est incomplet : Dieu aurait promis un Messie et ne l'aurait pas envoyé ? Il n'est donc pas étonnant qu'Obadya se soit intéressé aux mouvements messianiques qui foisonnaient à l'époque, tant à l'intérieur de la chrétienté que dans le judaïsme lui-même[51].

Un dernier manuscrit mentionne la persécution des juifs en Europe lors de la Première Croisade[52] ; Goiten croit que cet événement a provoqué l'évolution spirituelle d'Obadya[53] ; la liaison entre les deux faits ne nous semble pas évidente, car il est possible qu'Obadya ait rappelé après sa conversion une persécution qu'il avait connue, mais qui ne l'avait pas nécessairement influencé. Rien dans l'autobiographie d'Obadya ne permet de penser qu'un fait précis ait motivé son évolution. Goiten pense que cette autobiographie s'explique par trois raisons : d'une part, le besoin d'écrire, de se raconter, et peut-être de se justifier ; d'autre part, le fait que son origine normande ait existé la curiosité

---

51. Cf. Norman COHN, *Les Fanatiques de l'Apocalypse. Courants millénaristes révolutionnaires du XIᵉ au XVIᵉ siècle,* traduit de l'anglais, Paris, 1962, pp. 43-60.

52. GOITEN, article cité, p. 80.

53. GOITEN, article cité, p. 82. Il est d'autant plus difficile d'identifier les personnalités concernées par les divers manuscrits que plusieurs convertis du Moyen-Orient ont porté le nom d'Obadya. En effet, Maïmonide, qui vécut dans la deuxième partie du XIIᵉ siècle, a correspondu avec un « guer » du nom d'Obadya, qui lui demandait s'il pouvait invoquer Dieu comme « notre Dieu, Dieu de nos pères » (cité dans LEIBOWITZ, *Studies in Bershit,* Jérusalem, 1976, p. 222). Si la conversion de notre personnage eut bien lieu en 1102, ce qui semble assuré, il n'était pas contemporain de Maïmonide qui mourut en 1204.

dans les communautés juives de l'Orient musulman ;
enfin une considération plus terre à terre : le don de
copies de cet écrit (on a retrouvé la trace de deux
d'entre elles) était probablement accompagné de présents
compensatoires. En effet, Obadya connut des difficultés
matérielles, et la lettre du rabbin Baruk était précisément destinée à l'aider à recevoir des subsides. Toutefois, l'écrit d'Obadya a un but essentiellement théologique :

> Il cherche à démontrer le caractère du véritable Messie.
> C'est la raison pour laquelle il s'intéresse aux faux mes-
> sies juifs qui sont apparus à l'époque. Il eut aussi une
> « disputatio » pleine de succès à Banias avec un caraïte
> qui se prétendait le précurseur du rédempteur attendu.
> Ce caractère sérieux du manuscrit d'Obadya se reflète
> dans le style... Obadya utilise un hébreu simple et
> digne. Son style est similaire à celui des relations ashke-
> nazes [54] sur les croisés, qui lui servirent de modèles [55].

Toutefois, on peut mettre en doute la véritable connaissance du judaïsme par Obadya, ainsi que l'a fait
remarquer dès 1920 Samuel Poznansky. En effet, un
juif orthodoxe ne peut admettre pour messie un caraïte,
c'est-à-dire un hérétique. Or Salomon Hakkohen était
un caraïte. Il semble donc que la connaissance du
judaïsme par Obadya soit restée superficielle, à moins
qu'il n'ait été tenté lui-même par le caraïsme ? Dans
l'état actuel des choses, il n'est pas possible de le préciser.
Son autobiographie se présente sous la forme de sept
fragments qui ont été déchiffrés. Nous avons vu que
l'on a retrouvé son livre de prières ; de plus, il a composé de la musique religieuse dont on connaît trois
fragments ; on possède en outre quelques lignes d'une
sorte de poème religieux. Mais de nombreux documents
provenant de la geniza du Caire n'ont pas encore été
déchiffrés [56]. Il est donc possible que notre connaissance

---

54. Cf. note 8.
55. GOITEN, article cité, p. 84.
56. L'Université de Cambridge, qui possède certains de ces docu-

de ce curieux personnage s'amplifie à l'avenir. Nous savons par son œuvre qu'Obadya a été conduit à découvrir la vérité dans le judaïsme. Mais nous avons très peu de renseignements sur son itinéraire spirituel. Une phrase de son manuscrit, que nous avons citée ci-dessus à propos d'André de Bari, permet peut-être de jeter quelque lumière sur les raisons de la conversion de l'un et de l'autre. Sous l'influence d'André,

> les gentils... entrèrent dans l'Alliance du Dieu d'amour[57].

Le Dieu d'amour, c'est donc, pour Obadya, le Dieu des juifs et non celui des chrétiens. L'expression est d'autant plus paradoxale que, depuis saint Augustin surtout, les chrétiens avaient tendance à opposer le Dieu de crainte dépeint dans l'Ancien Testament au Dieu d'amour enseigné par Jésus. Or, d'après ce document, c'est chez les juifs qu'André et Obadya, avec d'autres, semble-t-il, ont découvert le Dieu d'amour.

En réalité, c'est bien le même Dieu d'amour qui parle dans les deux Testaments. Le Dieu de l'Ancienne Alliance est à la fois Dieu de crainte et d'amour, même si le Nouveau Testament met l'accent sur l'amour. L'amour n'est pas plus absent de l'Ancien Testament[58] que la crainte ne l'est du Nouveau. Ce sont deux aspects du même Dieu. Mais pourquoi André et Obadya ont-ils découvert l'amour chez le Dieu des juifs ? Il est possible, comme le pensent de nombreux historiens juifs, et Blumenkranz en particulier, que les exactions dont les juifs étaient victimes à l'époque de la part des chrétiens aient éloigné de la religion chrétienne des personnes sensibles et réfléchies, pour les amener dans le camp des victimes. Les martyrs ont toujours attiré les âmes. Ce principe a joué en faveur des chrétiens lors des premiers siècles ; il s'est peut-être retourné

---

ments, serait très désireuse qu'on s'y intéresse, et faciliterait les recherches.

57. Cf. *supra* p. 67.

58. Les textes en ce sens sont très nombreux, en particulier chez les prophètes.

contre eux en faveur de leurs victimes à l'époque des croisades.

D'autre part, il est probable aussi que la méconnaissance des racines juives du christianisme a joué : l'Alliance avait été conclue avec Israël ; comment avait-elle pu passer aux anciens païens qu'était la grande majorité des chrétiens ? La plupart d'entre eux étaient incapables de répondre à cette question. L'ignorance de l'histoire du salut, de l'accomplissement de l'Ancienne Alliance dans la Nouvelle, a conduit ces chrétiens à découvrir dans le judaïsme l'enseignement de l'Ancien Testament. Au lieu de fortifier leur foi chrétienne conformément au message de saint Paul, cette découverte les a conduits à ne plus tenir compte que de l'Ancien Testament. Il devenait la seule vérité. Tel a été, semble-t-il, le cheminement d'André et d'Obadya comme il a été celui de presque tous les convertis de cette sorte.

Si les juifs étaient alors persécutés, les apostats l'étaient plus encore ; ils étaient passibles des peines les plus sévères. Cela explique probablement les voyages lointains d'André et d'Obadya : il leur fallait s'exiler. D'après les derniers documents retrouvés, il semble qu'Obadya ait apporté ainsi en Orient une certaine influence occidentale. Parmi ses manuscrits figure un morceau de musique : il s'agit d'une musique grégorienne et occidentale, accompagnée de paroles hébraïques. Il n'est d'ailleurs pas absolument sûr que la musique retrouvée ait réellement été composée par Obadya. Peut-être a-t-elle été seulement transcrite par lui. Toutefois, elle semble différente de la musique juive de l'époque, et se rapproche davantage de la musique sacrée chrétienne du Moyen Age.

> Cette pièce représente... une composition... dans le style du chant monodique occidental, avec des tournures caractéristiques que l'on retrouve dans certaines pièces de chant grégorien[59].

59. Norman GOLB, *The music of Obadya the Proselyt and his Conversion,* JJS, vol. XVIII, n°s 1 & 2, 1967, p. 49. Golb renvoie à I. ADLER, *Revue de Musicologie,* 51, 1965, p. 36.

Si les auteurs d'articles sur Obadya ne sont pas toujours d'accord entre eux, ils se rejoignent cependant pour penser qu'Obadya fut une sorte de trait d'union entre l'Occident et l'Orient, entre le christianisme et le judaïsme.

Les documents de la geniza du Caire font mention d'un autre converti qu'André ou Obadya, ou peut-être même de plusieurs. D'après Norman Golb, un prosélyte s'enfuit de la maison de son père en pays étranger, eut de nombreux chagrins, perdit sa femme qui était juive ; deux ou trois de ses enfants furent capturés pendant un pogrom ; il quitta la France pour l'Egypte, porteur d'une lettre de recommandation. Golb a émis l'hypothèse que ce converti pourrait être Obadya, mais cela paraît peu fondé. Toujours d'après Golb, les traités concernant le judaïsme seraient l'œuvre d'un converti autre qu'André ou Obadya[60].

Le cas d'André et d'Obadya montre que l'influence des juifs continuait à peser sur les chrétiens. Nous avons vu qu'Obadya avait pris l'initiative d'une « disputatio » : il ne craignit pas de s'affronter à ses anciens coreligionnaires — à distance, il est vrai — et apporta en Orient une pratique alors courante en Occident[61]. La littérature chrétienne continua de témoigner de cette influence juive. Citons, entre autres, Richard de Saint-Victor qui évoque l'influence de l'exégèse juive dans l'interprétation du texte d'Isaïe concernant la naissance du Messie[62] :

---

60. Norman GOLB, *Notes on the conversion of European Christians to Judaism in the Eleventh Century,* JJS, 16, nos 1-2, 1965, p. 70.

61. Nous connaissons plusieurs de ces « disputations ». Outre celle de Gilbert Crispin, abbé de Westminster, avec un juif de Mayence (cf. n° 4), citons l'*Altercatio Ecclesiae contra Synogogam.* Cf. B. BLUMENKRANZ, *Juifs et chrétiens...,* p. 78 s., et *Altercatio Aecclesiae...* dans *Revue du Moyen Age latin,* t. X, 1954, pp. 9-11. « Le danger permanent à l'intérieur de l'Église est le syncrétisme judaïsant », écrit Blumenkranz.

62. Richard de SAINT-VICTOR, *OEuvres,* PL 196, 613-614.

Voici : la jeune fille est enceinte et va enfanter un fils.
(Is 7, 14.)

Les juifs ont toujours nié la conception virginale de Marie. Des sectes judaïsantes les ont suivis et, tout en admettant la messianité de Jésus, niaient la virginité perpétuelle de sa mère[63]. Richard de Saint-Victor s'en plaint. De même, Hildebert de Tours s'élève contre les explications judaïsantes de l'Ancien Testament[64].

Obadya fait état de plusieurs conversions ayant suivi celles d'André. Nous n'en trouvons pas d'autre trace. Les documents chrétiens ne font mention que de l'influence néfaste des juifs pour la foi chrétienne. Ce silence nous oblige à nous interroger sur l'importance numérique de ces conversions à cette époque. D'après James Parkes, il y eut, pendant la Première Croisade, des prosélytes à la suite de massacres de juifs dans les pays rhénans[65]. Parkes ne donne pas ses sources. Blumenkranz cite le cas de Jacob bar Sullam

qui subit le martyre à Mayence, en 1096, et cet autre prosélyte qui le subit en la même année à Xanten[66].

La même année 1096 eut lieu un terrible massacre de juifs à Cologne. Cette année voit aussi le départ de la Première Croisade, et un déferlement de rage contre les juifs « ennemis de Notre Seigneur ». Parmi les victimes de Cologne, le *Memorialbuch* de Nuremberg fait état d'au moins deux prosélytes. Le même recueil contient la liste de plusieurs autres prosélytes, par exemple Isaac « fils de notre père Abraham », qui fut brûlé « pour la

---

63. Les rabbins ont toujours nié la possibilité même de la virginité perpétuelle de Marie. Nous avons déjà remarqué que la religion juive est plus rationnelle que le christianisme. Elle ne semble pas admettre que « rien n'est impossible à Dieu ». C'est ce que l'Ange rappelle à Marie (Lc 1, 37) en reprenant la parole de Dieu à Abraham au sujet de la naissance d'Isaac (Gn 18, 14). Le même courant rationaliste continue d'exister à l'intérieur du christianisme.

64. HILDEBERT DE TOURS, *OEuvres*, PL LXXI, 373-375.

65. James PARKES, *The Jew in the Medieval Community*, Londres, 1938, p. 56.

66. B. BLUMENKRANZ, *Juifs et chrétiens...*, p. 211.

sanctification du Nom ». (Telle est l'expression employée par les juifs pour leurs martyrs.) On dit de lui qu'il gagna sa vie en éduquant les jeunes. Il y eut aussi un prosélyte qui se convertit « au temps de la colère du Seigneur », et fut martyrisé en juillet 1298. Il semble que ces deux supplices eurent lieu à Nuremberg même. « Le temps de la colère du Seigneur » désigne certainement la persécution : les juifs considéraient que cette épreuve avait été permise par Dieu en punition de leurs péchés.

L'on trouve encore en Allemagne la trace d'autre prosélytes, dont au moins deux femmes. Rabbi Isaac, de Wurzbourg, brûlé pour « l'Unité du Nom divin » (allusion polémique à la Trinité), était sans doute d'origine chrétienne. De même Rabbi Abraham d'Augsbourg, mort sur le bûcher le 21 novembre 1263. Non seulement des chrétiens se convertissaient, mais ils devenaient rabbins. Sans doute s'agit-il de prêtres, les seuls à être instruits à l'époque.

En général les prosélytes sont nommés « fils d'Abraham », ce qui rend leur identification difficile. Il en est de même pour leurs fils qui reçoivent le plus souvent, par assimilation, le nom d'Isaac. Toutefois, on connaît un « Abraham, fils de notre père Abraham » qui avait été prieur de « frères mendiants » (probablement de Franciscains), et fut condamné à mort en 1268 à Surzig en pays rhénan. Le *Memorialbuch* de Mayence porte la trace d'au moins dix prosélytes massacrés entre 1264 et 1341, sept hommes et trois femmes.

La haine contre les juifs sévit tout particulièrement dans les pays rhénans ; les archives juives en portent la trace, ce qui nous permet de savoir qu'il y avait des prosélytes parmi les juifs d'origine.

> Le mouvement prosélyte sera ralenti par les croisades, mais il ne sera pas purement et simplement arrêté. Une épitaphe de 1241, de l'Allemagne du Sud, nous fait connaître une convertie, *Esther bath Abraham Avinu* [67]... La liturgie chrétienne elle-même, en pré-

---

67. Ce qui signifie « Esther fille d'Abraham notre père ».

voyant, à la fin du XIIIe siècle, une cérémonie de réconciliation pour des chrétiens qui avaient apostasié en embrassant le judaïsme (V. le texte ap. M. Andrieu, *Le Pontïicat romain au M.A.,* 3, 616)... accuse que l'attrait du judaïsme subsiste, même si ses succès missionnaires sont quelquefois éphémères[68].

A la même époque, des conversions ont eu lieu aussi en France et en Angleterre. En France, un chrétien nommé Perrot, converti au judaïsme, fut brûlé à Toulouse en 1278 avec le rabbin Isaac Malès, qui l'avait probablement reçu dans sa religion. Beaucoup de prosélytes, quoique souvent avancés en âge lorsqu'ils entraient dans le judaïsme, se firent eux-mêmes un nom comme savants juifs. Nous connaissons déjà le cas de Rabbi Joseph et de Rabbi Abraham d'Augsbourg. Il y eut au XIIe siècle parmi les tosafistes (ainsi nomme-t-on les rabbins ayant commenté les Talmuds à partir du XIe siècle environ), un Français nommé Abraham le Prosélyte. Peut-être est-ce le même qu'un commentateur français célèbre, élève du rabbin Jacob Tam, et connu sous le nom de Moïse ben Abraham de Pontoise. Ce nom donne à penser qu'il était d'origine chrétienne[69]. Il serait né en Hongrie, mais se serait fixé en France. Rabbi Tam lui explique pourquoi la prière du matin : « Schemah Israel...[70] » n'est suivie que d'une seule bénédiction[71]. Son fils se serait nommé Isaac, et il aurait passé au judaïsme en même temps que son père. Ils seraient alors venus en France où tous deux se consacrèrent à l'exégèse biblique. Aussi ont-ils laissé des traces dans les commentaires rabbiniques[72]. Mais on

---

68. B. BLUMENKRANZ, ouvrage cité, p. 211, qui donne une bibliographie.

69. *Encyclopaedia Judaica,* XII, sous « Moses ben Abraham of Pontoise ».

70. « Écoute Israël, le Seigneur est notre Dieu, le Seigneur est un. » Cette prière est dite plusieurs fois par jour dans la liturgie juive.

71. Efraïm URBACH, *Études sur la littérature polémique au Moyen Age,* REJ, 100, n°s 198-199, 1935, pp. 73-74.

72. Efraïm URBACH, article cité, p. 74.

n'est pas sûr du nom du fils, qui serait peut-être
Joseph et non Isaac. Ou peut-être s'agit-il de deux personnages différents.

> (Rabbi Joseph) est cité deux fois (dans le traité *Minhat
> Yehouda*) dans des passages qui font valoir sa profonde
> connaissance du christianisme. Dans un passage, il
> s'occupe en même temps d'un texte de l'Évangile et
> d'une prière chrétienne... Ailleurs, on cite de lui l'expli-
> cation du verset Dt 18, 15[73] rapporté par les Chrétiens
> à Jésus[74].

L'origine hongroise de Rabbi Joseph est mentionnée
dans la même source. Il est d'ailleurs possible que ce
personnage ait porté deux noms, celui de Joseph ayant
été son nom avant sa conversion. L'usage voulait, nous
l'avons vu, que l'on nomme les prosélytes « ben Abraham », fils d'Abraham. Mais si le père et le fils se sont
convertis en même temps, et que le père ait été nommé
Abraham, on a pu nommer son fils Isaac par similitude
avec la Bible, selon une pratique que nous avons déjà
signalée. C'est probablement ce Rabbi Joseph qui écrivit des poèmes liturgiques juifs : il est mentionné par
Jacob Ha-Lévi et par Judah ben Eliezer en 1313 ; mais
comme on ne sait rien de la vie de ce poète, il n'est
pas évident que ce soit le fils Moïse ben Abraham, il
s'agit peut-être de deux prosélytes du même nom.

Abraham le Prosélyte eut un contemporain du nom
de Josephiah qui semble être lui aussi un prosélyte,
peut-être est-ce le même que le Rabbin Joseph dont il
est question ci-dessus[75]. Il enseigna les rudiments de
l'hébreu et écrivit des poèmes liturgiques en hébreu. Un
auteur de plusieurs traités d'exégèse médiévale s'appelait
Isaac le Prosélyte. Est-ce le fils d'Abraham de Pontoise
ou un autre ? Il n'est pas possible de le savoir.

En 1270, un moine du nom d'Abraham ben Abraham

---

73. « Le Seigneur ton Dieu suscitera pour toi, du milieu de toi,
parmi tes frères, un prophète comme moi, que vous écouterez. »

74. Efraïm URBACH, article cité, p. 75.

75. ID., *ibid.*, p. 75 et *Encyclopaedia Judaica,* sous « Josephiah le
Prosélyte ».

s'enfuit de France et fut brûlé à Wiesenburg[76]. Il semble n'avoir rien de commun avec les Abraham que nous avons déjà cités.

Un traité attribué à Rabbi David Kimhi (David le Meunier), fameux exégète juif vivant en France au XIIIᵉ siècle, parle de nombreux prosélytes français, « saints et sages », devenus juifs par suite des contradictions qu'ils avaient trouvées dans l'Évangile. Un livre d'un certain Joseph Hamekanné (le nom signifie probablement Joseph le Zélé) permet de penser que la famille de ce Joseph

> a profité de l'aide de chrétiens lettrés convertis au judaïsme : quelques cas de conversions sont connus aux XIIᵉ et XIIIᵉ siècles[77].

On trouve des prosélytes partout où il y a des communautés juives. Il en est ainsi de l'Angleterre où nous savons déjà que des juifs se sont établis depuis le XIᵉ siècle. Un Anglais du nom de Jurnat (Jacob ?), riche marchand de Norwich, avait épousé une chrétienne, et l'avait convertie au judaïsme ; sans doute banni d'Angleterre, il fut autorisé à y rentrer sous Henri II qui régna de 1154 à 1189[78]. A la même époque, une communauté d'habitants de Dunstable passa pour une communauté de prosélytes. Mais il s'agit d'une erreur de lecture d'un texte hébreu : un certain Ephraïm de Bonn avait lu « Gerim » (de Dunstable), au lieu de « Garim » : « Garim » signifie « habitants » ; « Gerim » veut dire « étrangers », d'où « convertis »[79].

---

76. *Chronicon regum Francorum,* édition L. Delisle, 1869-1894, XII, 215. D'après cette chronique, Abraham aurait été prieur d'un couvent de moines mendiants, et aurait subi le supplice avec deux autres prosélytes. Cf. Peter BROWE, *Die Judenmission im Mittelalter und die Päpste,* Rome, 1942, p. 298.
77. G. VAJDA, *Recension de Sepher Joseph Hamekana,* REJ, 121, 1972, nᵒˢ 3-4, p. 462.
78. Cecil ROTH, *History of the Jews in England,* Oxford, 1942, p. 10, d'après F. BLOMFIELD, *Topographical History of the Country of Norfolk,* IV (1800), 510, Pipe Rolls, 1186-7. p. 44.
79. Cecil ROTH, *History of the Jews in England,* p. 22.

Mais une telle confusion ne se serait pas produite s'il avait été impensable qu'un groupe d'Anglais fût devenu juif.

Toujours en Angleterre, il semble y avoir eu deux prêtres qui se convertirent au judaïsme au XIIIᵉ siècle. Certains indices se recoupent et font penser qu'il s'agit d'un seul personnage, mais d'autres précisions vont en sens contraire. La conversion d'un diacre à la suite de ses études sur le judaïsme incita le Conseil de la Province de Cantorbéry à le condamner en 1222. Il fut dégradé, puis envoyé à Fawkes de Bréauté, shérif de l'Oxfordshire, qui le condamna à être brûlé vif. Ce supplice eut lieu près de deux siècles avant l'adoption du décret *De Heretico Comburendo* de 1401 qui condamnait au bûcher les hérétiques de tous bords [80].

A la même époque, deux moines cisterciens du nord de l'Angleterre et un certain Walter Mopès, d'origine espagnole, devinrent juifs. L'on ne sait rien d'eux. Il est possible que Walter Mopès ait été un marrane. A partir de la fin du XIIᵉ siècle, nous allons rencontrer assez souvent cette catégorie : il s'agit de juifs baptisés de force, sous des pressions matérielles ou morales mais qui restaient juifs de cœur. Le phénomène prendra une grande extension en Espagne sous l'influence de l'Inquisition. Beaucoup de juifs persécutés firent semblant de passer au christianisme, se firent baptiser et vécurent apparemment en chrétiens, mais ce n'était qu'une apparence. Très souvent, les marranes retournaient à leur ancienne religion quand ils le pouvaient. Il s'agit donc d'une sorte très spéciale de convertis au judaïsme, et les marranes qui sont retournés au judaïsme n'entrent pas dans le cadre de cette étude. Toutefois, il sera souvent difficile de savoir s'il s'agit d'un chrétien authentique ou d'un marrane. Il en est ainsi de ce Walter Mopès. Le 17 avril 1222, un diacre fut brûlé à Oxford ; il avait

80. Cecil ROTH, *History of the Jews in England,* p. 41. Cf. WAVERLEY, *Annales monastici,* Édition Luard, 36, 11, 1865 et Thomas WYKES, *Annales historiae Anglicanae,* IV, 1869, p. 94.

étudié la littérature juive et était passé prosélyte, il avait épousé une juive[81].

En Angleterre encore, en 1271,

> un frère de l'ordre des Prêcheurs[82], dit Frère Robert de Reddingge, très bon prédicateur, étudia la langue hébraïque, apostasia, se convertit au judaïsme, prit une femme juive, se fit circoncire et se fit nommer Aggée. Il attaqua avec virulence le christianisme, et fut déclaré publiquement hérétique. Le roi le remit entre les mains de l'archevêque de Cantorbéry[83].

En 1274, des juifs de Londres furent accusés d'avoir forcé une convertie au christianisme, d'origine juive, à revenir au judaïsme[84]. Cecil Roth signale, toujours au XIIe siècle, l'existence de deux personnages, Joseph Aaron et Benedict of Talmont, dont « on ne sait s'ils sont juifs ou chrétiens »[85] : pour certains, les limites entre les deux religions restaient aussi imprécises qu'elles l'avaient été à l'aube du christianisme.

Ces diverses circonstances incitèrent le roi d'Angleterre à prendre des mesures contre les juifs : en 1290, ceux-ci furent expulsés d'Angleterre où ils s'étaient fixés deux siècles auparavant.

Au début du XIVe siècle, un jeune official de Lisbonne[86] passa au judaïsme, malgré les rigueurs de l'Inquisition qui sévissait en Espagne et au Portugal. Il se circoncit lui-même, quitta la contrée, et fit des études religieuses, en particulier sur la Kabbale[87], à Salonique

---

81. C. ROTH, *Personalities and Events in Jewish History,* Philadelphie, 1953, pp. 151-153.

82. L'ordre des Prêcheurs, ou dominicains, avait été fondé en 1215.

83. *Chronica Johannis de Oxenedes,* éditée par Henry Ellis, Londres, 1859, p. 225.

84. C. ROTH, *History of the Jews in England,* p. 83.

85. ID., *ibid.,* p. 29 en note.

86. Un *official* était un juge ecclésiastique nommé par l'évêque.

87. La Kabbale est une interprétation ésotérique de la Bible, qui s'est transmise oralement dans le judaïsme, et qui n'est pas reçue par tous les juifs.

et Safed. Comme André et Obadya deux siècles plus tôt, il partit donc en Orient. Il prit le nom de Salomon Molcho. Il revint en Europe et parcourut l'Italie. Il enthousiasma les juifs d'Ancône par sa prédication dans les synagogues. Il fut toléré aux portes de Rome parmi les mendiants : il s'efforçait d'accomplir en sa personne une légende rabbinique concernant la venue du Messie. Il parvint à gagner la faveur du pape Clément V (pape de 1305 à 1314) à qui il prédit une crue du Tibre. Il fut si actif et si remuant que les juifs s'inquiétèrent à son sujet : ils craignaient que les conséquences de ses activités ne retombassent sur eux. Molcho fut en effet arrêté et condamné par l'Inquisition, mais l'on dit que le pape le fit évader et le fit remplacer au supplice par un criminel. Il partit pour le nord de l'Italie, où il se lia avec un juif du nom de Reubéni ; tous deux allèrent trouver Clément V pour tenter de le persuader d'armer les juifs d'Europe contre les Turcs. Finalement, l'empereur d'Allemagne les fit arrêter, enchaîner et comparaître en justice à Mantoue où Molcho fut condamné par un tribunal de l'Inquisition et brûlé comme apostat. Reubéni eut le même sort en Espagne quelques années plus tard. Toutefois, il ne semble pas que ce dernier ait été d'origine chrétienne.

L'aventure de Salomon Molcho se place dans le cadre des mouvements messianiques qui agitaient assez souvent les milieux juifs, comme les milieux chrétiens d'ailleurs[88]. Il semble que Molcho ait voulu agir pour hâter la venue du Messie ; il paraît avoir été un illuminé[89]. Les dates de sa vie sont très imprécises. Cecil Roth le place au début du XIVᵉ siècle. D'autres sources font état de sa mort en 1532[90]. Il aurait été trouver l'empereur d'Allemagne Charles Quint (1519-1558) à Regensbourg avec une députation de juifs ; le bruit courut qu'il avait tenté d'entraîner l'empereur à la religion juive !

---

88. Cf. Norman COHN, Les Fanatiques de l'Apocalypse, pp. 26-76.

89. Cecil ROTH, The History of the Jews of Italy, Oxford, 1946, p. 192.

90. Dr. KALKAR, Apostaten zum Judenthum, Saat auf Hoffnung, VII, 1869-1870, p. 269.

Nous avons cité nombre de chrétiens qui passèrent résolument au judaïsme. Mais, à la même époque, il y eut aussi des chrétiens hérétiques qui « judaïsaient ». Il en fut ainsi de certains cathares. Par exemple, en 1163, à Bonn, un cathare du nom d'Arnold fut exécuté sous l'accusation de judaïser, et fut même enterré dans le cimetière juif[91].

Les passagiens

L'influence juive était si grande qu'une véritable secte judéo-chrétienne, à l'instar de celles qui avaient fleuri pendant les premiers siècles chrétiens, se constitua au IXe siècle, et dura jusqu'au XIIe. Certains ont suggéré[92] que les passagiens étaient des juifs mus par l'esprit de prosélytisme ; encouragés par l'agitation qui troublait l'Église, ils se seraient mêlés aux chrétiens hérétiques comme les cathares dans le but de les amener à la religion juive. Mais il semble peu probable que des juifs aient pu accepter des dogmes chrétiens comme la Trinité, dans le seul but de gagner des adeptes. La critique de L.J. Newman à ce sujet semble solide.

Selon cet historien, les passagiens étaient une secte de chrétiens judaïsants, qui se serait formée à Milan au IXe siècle et ne cessa de croître jusqu'au milieu du XIIe siècle. Il semble qu'ils aient été en contact avec les cathares et les vaudois sans être cependant une branche de ces mouvements. Ils formaient une sorte de caraïsme chrétien, rejetant le joug de l'autorité ecclésiastique, les dogmes et les pratiques chrétiens, pour retourner aux observances mosaïques. Ils se rapprochaient de l'arianisme en niant l'égalité des personnes dans la Trinité ; pour eux, le Fils était inférieur et subordonné au Père. Ils reconnaissaient le Nouveau Testament, mais donnaient la préférence à l'Ancien, inversant ainsi en quelque sorte la perspective chrétienne. L'origine de leur nom n'est pas claire, mais semble juive. Il est possible

---

91. L.J. NEWMAN, *Jewish Influence on Christian Reform Movements,* New York, 1925, p .314.
92. ID., *ibid.,* p. 289.

qu'il provienne d'une déformation de « Pessah », la Pâque. On les rencontre aussi sous la dénomination de « circoncis ».

Les passagiens font partie de tout un courant judaïsant qui reprit dans l'Église à partir du IXe siècle et qui n'est peut-être pas étranger à l'origine de la Réforme[93]. Cette secte disparut au XIIIe siècle à la suite de diverses mesures prises à la fois contre les juifs et contre les judaïsants par les papes et les souverains d'Europe occidentale.

Il y eut donc, entre le XIe et le XIIIe siècle, de nombreux contacts entre juifs et chrétiens. Certains de ces derniers sont suffisamment influencés pour passer au judaïsme.

> Les juifs vivent en excellentes relations avec leurs voisins. Ils discutent ensemble de choses religieuses. Ils partent ensemble en voyage, ils vont dans les églises et les monastères[94].

Le judaïsme intéresse surtout les clercs. Les laïcs sont très peu instruits de façon générale, y compris l'enseignement religieux. Quant aux clercs, il est difficile de savoir exactement quelle fut leur instruction religieuse. Charlemagne, avec l'aide d'Alcuin, avait fait ouvrir des écoles à l'ombre des cathédrales. On sait qu'il y en avait une dans son propre palais. Les monastères étaient eux aussi des centres de formation. Mais quelle était cette formation ? Elle était d'abord d'ordre profane : grammaire, rhétorique, dialectique *(trivium)*. Ensuite ceux qui se dirigeaient vers la prêtrise accédaient au *quadrivium :* arithmétique, géométrie, astronomie, musique. Quant à l'instruction religieuse, elle était rudimentaire : l'enseignement de la théologie, reçu seulement en fin d'études, se serait borné à puiser dans l'Écriture Sainte ou les Pères de l'Église les textes qui

---

93. Cf. L.J. NEWMAN, ouvrage cité, pp. 290-293.
94. C. ROTH, *History of the Jews in England,* p. 119.

paraissaient les mieux appropriés aux thèses de ces derniers. En 830, le diacre Florus se plaint que l'on n'apprenne plus l'Écriture. Au XIIIᵉ siècle encore, Roger Bacon souligne l'ignorance des clercs. Humbert de Romans, cinquième Maître général des Dominicains, conseille l'étude des Écritures qui avait été délaissée. Jusqu'à la fin du XIᵉ siècle, l'école prépare à l'étude des Saintes Écritures plus qu'elle ne les enseigne vraiment.

Le XIIᵉ siècle voit naître une réforme, et la *divina pagina* devient l'enseignement principal. Dans la deuxième partie du siècle, les chaires de théologie sont bien distinctes de celles où sont professés « les arts ». Mais il semble que, dans tout le Haut Moyen Age, l'enseignement religieux ait été peu poussé, à l'exception de quelques centres ou de quelques maîtres remarquables.

Le XIIᵉ siècle voit aussi un progrès dans l'étude de l'hébreu et du grec. Les principes d'une exégèse plus précise se dégagent. On donne plus d'importance à l'exemple d'Origène et de Jérôme, et l'étude de l'hébreu en particulier tend à se développer, tout en restant l'exception.

> Jusqu'au XIIIᵉ siècle, les entretiens, scientifiques ou religieux, entre juifs et chrétiens furent, en bien des régions, pratique habituelle, et le cas n'est pas rare de chrétiens se faisant donner des leçons d'hébreu par un juif. On admire volontiers le zèle des juifs à étudier les lettres, et d'abord la langue de l'Écriture, en vue de leur intelligence, et plusieurs sont stimulés par cet exemple[95].

---

95. H. de LUBAC, *Exégèse médiévale,* II, 1ʳᵉ partie, p. 243. Sur l'enseignement des clercs au Moyen Age, voir : *Nouvelle Histoire de l'Église,* t. II, *Le Moyen Age,* par M.D. KNOWLES et D. OBOLENSKY, traduction française, pp. 191-193 et 300-301 ; *Histoire de l'Église* par FLICHE et MARTIN, t. VI, pp. 82-83 ; t. IX, pp. 179-181, 352 sqq. ; *Les écoles épiscopales et monastiques en Occident avant les universités* (768-1180), par L. MAÎTRE, dans *Archives de la France Monastique,* Ligué-Paris, t. XXVI, 1924 ; *Les écoles de la fin du VIIIᵉ siècle à la fin du XIIᵉ siècle* par E. LESNE, Lille, 1940. Pour la connaissance de l'hébreu, cf. C. SPICQ, *Esquisse d'une histoire de l'exégèse latine au Moyen Age,* Paris, 1944, pp. 14-19 et 365-370.

Les contacts avec les juifs sont donc ambivalents : favorables, pour une meilleure connaissance de l'Ancien Testament, mais aussi dangereux pour la foi dans certains cas. Il y a des conversions chez les prêtres et chez les laïcs ; les apostats étaient sévèrement pourchassés et punis, mais certains semblent avoir échappé aux conséquences qui auraient été possibles[96]. Seules les mesures prises contre les juifs et certaines traces dans la littérature chrétienne permettent de constater le poids de leur influence sur les chrétiens. Mais il n'est pas possible de connaître avec exactitude l'importance numérique des conversions au judaïsme. Nous pouvons seulement constater qu'il s'agit d'un phénomène quasi permanent en cette fin du Moyen Age, et qu'il existe dans toute l'Europe occidentale.

Cette influence spirituelle des juifs, jointe à d'autres facteurs (en particulier leur importance économique et même politique), sera à l'origine de diverses mesures prises par les papes ainsi que par les souverains des pays occidentaux (France, Allemagne, Angleterre, Espagne). En 1233, le pape Grégoire X, dans une lettre aux évêques de l'Empire germanique, les blâme d'administrer les sacrements à des chrétiens qui adoptent la foi des juifs, suivent leurs rites et se permettent de se faire circoncire, devenant ainsi ouvertement des juifs[97].

A la même époque, des mesures antijuives sont prises en Angleterre et en Espagne. Jaime Ier, roi d'Aragon, défend aux chrétiens de cohabiter avec des juifs. En 1240, le Talmud est brûlé en Espagne. C'est au XIIIe siècle aussi que les juifs sont expulsés d'Angleterre.

La bulle *Turbato Corde*[98] du pape Clément IV (1265-1268) fait état de nombreux chrétiens qui ont abandonné leur foi pour « le rite des juifs ». Clément IV avait été évêque de Narbonne ; il avait pu y constater l'influence des juifs sur les chrétiens et, devenu pape, il

---

96. C. ROTH, *History of the Jews in England,* p. 119. C. Roth cite comme sources : *Close Rolls,* 1201, pp. 389-390.

97. B. BLUMENKRANZ, *Histoire des juifs de France,* Paris, 1972, p. 35.

98. Une bulle ou une encyclique est caractérisée par ses premiers mots : « D'un cœur troublé... »

s'en est souvenu [99]. Ces mesures ne firent cependant pas disparaître complètement les passages de chrétiens au judaïsme. C'est en effet à cette époque que se situe le cas de Diego Pires devenu Salomon Molcho [100]. Au XIVe siècle encore, un certain Profiat Duran écrivit une lettre à l'un de ses amis, David Bonnet Bon Giorno, pour l'inciter à se convertir au judaïsme. La lettre était rédigée en hébreu [101].

A la fin du siècle, en 1397, un chrétien du nom de Jean Hardy fut brûlé à Paris parce qu'il avait eu d'une juive des enfants élevés dans la religion de leur mère. Et c'est tout au début du XVe siècle, nous l'avons vu, que les hérétiques de tous bords, dont les juifs, furent condamnés au bûcher en Angleterre.

Le passage de chrétiens au judaïsme à cette époque est corroboré par des documents juifs. En effet,

> de nombreuses décisions rabbiniques des XIIe et XIIIe siècles traitent des problèmes que pose (le) cas (des prosélytes).

Par exemple, un chrétien embrasse le judaïsme parce qu'il a une maîtresse juive. Un rabbin se demande si un prosélyte doit observer le deuil de sa mère elle-même prosélyte.

> L'ensemble de ces *responsa* laisse reconnaître une attitude positive envers le principe même du prosélytisme et l'acceptation sociale aussi bien des individus que des familles entières qui venaient rejoindre le judaïsme [102].

Les décisions rabbiniques de l'époque témoignent cependant d'un certain désaccord : les uns voient dans le prosélytisme un risque pour le judaïsme, aussi bien du point de vue de la foi qu'à cause du danger encouru

---

99. Robert CHAZAN, *Archbishop Guy Fulcodi of Narbonne and his Jews*, REJ, 132, oct.-déc., 1973, p. 587-594.

100. Cf. *supra*, p. 85-86.

101. J.C. WOLFIUS, *Bibliotheca Hebraea*, Hambourg, 1715, VI, p. 332.

102. B.Z. WACHOLDER, *Cases of Proselyting in the Tosafist Responsa, Jewish Quarterly Review*, vol. 51-52, 1960-1961, p. 288.

par les prosélytes et par la communauté dont ils faisaient partie[103]. Mais, les réponses des rabbins de France et d'Allemagne confirment l'impression que, dans l'ensemble, ils favorisaient le prosélytisme.

B.Z. Wacholder décompte trente-cinq cas de prosélytes découverts d'après les *responsa* des osafistes[104], plus douze cas mentionnés dans des sources diverses[105].

> Total impressionnant, car l'on doit se rappeler que ces cas ont été relevés occasionnellement. L'on peut donc estimer par centaines les cas de prosélytisme[106].

Le raisonnement de Wacholder paraît d'autant plus vrai que, nous l'avons vu, d'une part les sources chrétiennes font silence : chaque apostasie était considérée comme une honte et un échec pour l'Église ; d'autre part, les sources juives elles-mêmes témoignent de la prudence qui était nécessaire pour éviter des ennuis soit aux prosélytes, soit aux rabbins, soit même aux communautés tout entières.

Cette double conjonction a raréfié les témoignages d'un côté comme de l'autre. Mais ce qui apparaît évident, c'est qu'à la fin du Moyen Age les conversions de chrétiens au judaïsme étaient loin d'être rares.

Les quelques documents dont nous disposons nous donnent peu de renseignements sur l'évolution spirituelle de ces chrétiens. Nous pouvons constater qu'il s'agit aussi bien de laïcs que de clercs. Dans les deux cas, il semble que l'ignorance du christianisme ait joué, quoique de façon différente.

En ce qui concerne les laïcs, dont nous ne savons rien, nous pouvons supposer que leur évolution a été semblable à celle de Bodo. Ils ignoraient à peu près complètement l'origine juive du christianisme. Jamais

---

103. B.Z. WACHOLDER, article cité, p. 289.
104. Cf. p. 81.
105. Wacholder cite le cas de quatre hommes et trois femmes, d'après le *Memorial Book of Pferse*.
106. B.Z. WACHOLDER, article cité, p. 312.

Jésus ni la Sainte Vierge n'étaient présentés comme des juifs. Ils étaient en quelque sorte « déshistorisés ». De ce point de vue, l'art du Moyen Age donne un témoignage : Jésus est présenté comme un homme très beau, répondant aux canons de la beauté occidentale. Le « beau Dieu » de la cathédrale d'Amiens est caractéristique de cette idéalisation. Il en est de même de la Sainte Vierge. On discute de la nature du Christ ; l'Église sait qu'il est « vrai homme et vrai Dieu », mais son humanité n'est jamais replacée dans son contexte historique. Il est vrai que certains passages de l'Ancien Testament sont connus, l'art en donne la preuve, mais on ne fait pas le rapprochement entre ces juifs d'avant le Christ, qui ont préparé son avènement, et ceux qui sont des contemporains.

Jésus et Marie sont représentés en quelque sorte comme des « chrétiens », et non pas comme des juifs : n'y a-t-il pas, selon les idées de l'époque, antinomie entre les uns et les autres ? Les juifs ne sont-ils pas tous des ennemis de Jésus ? Les Pères de l'Église ont voulu défendre les chrétiens contre leur influence en les faisant passer pour des « suppôts de Satan ». Or, lorsque des chrétiens rencontrent des juifs, ils trouvent des gens paisibles, très pieux, et qui adorent le même Dieu qu'eux-mêmes. Mais comment croire que ce Dieu, transcendant et immuable, ne fait qu'un avec ce Jésus mort sur la croix ? Le mystère de l'Incarnation et celui de la Trinité sont au-delà de la raison humaine...

Or les juifs ont des « Écritures » qui semblent ne pas dire la même chose que celles des chrétiens. Elles parlent bien du même Dieu, mais de façon différente. Ce Dieu n'a-t-il pas promis son assistance au peuple juif, et non pas à l'Église chrétienne ? N'a-t-il pas donné une Loi par l'intermédiaire de Moïse, loi qui est à garder éternellement [107] ? La religion juive est plus proche de la raison humaine que ne l'est le christianisme. Et elle attirait des gens simples encore à demi païens de la même façon que le judaïsme d'avant le Christ avait attiré les païens. En insistant sur l'humanité du Christ,

---

107. Cf. notre Introduction, p. 26.

l'Église du Moyen Age a laissé quelque peu s'effacer son caractère divin, tout au moins auprès de fidèles peu instruits et incapables d'un raisonnement théologique. En outre, il est possible, comme nous l'avons vu, et comme le pensent de nombreux historiens juifs, que les exactions chrétiennes contre les juifs leur aient attiré la sympathie de gens naturellement bons.

Certaines de ces raisons ont joué même chez des personnes instruites de la religion chrétienne, comme l'étaient André ou Obadya. Car les prêtres ont été relativement plus nombreux que les simples fidèles à passer au judaïsme. Toutefois, il est possible que leur cas ait laissé plus de traces, alors qu'on n'évoque nulle part la conversion d'inconnus. Nous avons rencontré des convertis devenus rabbins : peut-être ont-ils été instruits par les juifs, mais peut-être aussi l'étaient-ils avant leur conversion ? Or, à l'époque, sauf de rares exceptions, seuls les clercs étudiaient. Pour eux aussi, l'ignorance des racines juives du christianisme a dû jouer. Comment concilier la foi des juifs avec celle des chrétiens ? André ou Obadya font directement état de l'Écriture, jamais de l'enseignement d'un Origène, d'un saint Jérôme, d'un saint Augustin, qui auraient pu donner à leurs problèmes la solution chrétienne. Celle-ci paraît leur avoir été inconnue : ils ne la combattent pas, ils semblent l'ignorer. Sans doute leur formation scripturaire et théologique avait-elle été rudimentaire, ce qui n'était pas rare à l'époque, nous l'avons vu. Mis en contact avec l'Ancien Testament, ils ont interprété cette partie de l'Écriture comme le faisaient leurs amis juifs, sans tenir aucun compte de la Tradition chrétienne à ce sujet. C'est la même attitude d'esprit qui, quelques siècles plus tard, aboutira à la Réforme.

Un autre argument semble avoir joué. A l'époque, les Écritures se lisent dans l'Église en latin. L'hébreu est fort peu connu en Europe occidentale, nous l'avons dit ; Origène et Jérôme sont des exceptions. Il en est de même du grec : les rapports entre Rome et Constantinople, entre l'Église latine et l'Église grecque, s'étaient tendus depuis le IXe siècle et le schisme de Photius, pour aboutir à la séparation au XIe siècle. Le Nouveau

Testament est lu en latin, et non en grec. Les chrétiens semblent donc avoir des Écritures qui sont moins authentiques. En découvrant le texte hébreu, certains clercs lui trouvent un accent de vérité plus vigoureux. Leurs connaissances incomplètes ne leur permettent pas d'aller à l'encontre des arguments des juifs, d'autant plus que ces arguments, depuis l'origine, portent précisément sur les mystères chrétiens qui sont inaccessibles à la raison par définition même.

En outre, il est très possible que la morale du judaïsme, moins rigoureuse sur certains points, ait pu jouer et en particulier la possibilité pour les rabbins de se marier. Le célibat des prêtres a toujours représenté une difficulté pour certains d'entre eux. Très souvent, ils ont trouvé dans d'autres religions la possibilité de justifier leur conduite ou leurs sentiments.

Enfin, il semble bien que les juifs se soient efforcés d'attirer à eux les chrétiens, et cela en vertu de la polémique d'origine toujours latente : si Jésus était le Messie, eux, les juifs, n'avaient plus de raison d'être. Il fallait donc essayer de lutter contre l'influence chrétienne. Or les juifs ne pouvaient user que de diplomatie et d'intelligence. Et cela s'avérait beaucoup plus efficace que la coercition.

Forts de leur pouvoir, et des liens étroits qui unissaient la papauté avec l'Empire germanique ou le royaume de France, les chrétiens ont cherché à utiliser la force. Les relations entre juifs et chrétiens sont caractérisées par une tension constante : bons rapports entre les simples fidèles de l'une et de l'autre religion, mesures prises par les autorités religieuses ou politiques pour éviter au maximum ces rapports. A l'origine, ces mesures ont un caractère d'ordre religieux : elles ont pour but de sauvegarder la foi des fidèles. Mais, au lieu d'agir par la persuasion et l'enseignement, évêques et souverains mettront les juifs au ban de la société chrétienne. La conception théologique qui consiste à charger le peuple juif tout entier, et lui seulement, de la mort de Jésus, aboutira à la haine des juifs. Les croisés penseront se conduire en bons chrétiens en massacrant les juifs, comme ils le feront pour les musulmans. Une prétendue défense des valeurs chrétiennes aboutira à des procédés contraires à l'Évangile. Les violences se succéderont, qui déshonoreront le nom de chrétien. Les armes employées sont tout autres que celles dont usait saint Paul. « N'outrager personne, se montrer bienveillant, témoigner à tous les hommes une parfaite douceur » (Tt 3, 2). Les procédés employés se sont retournés contre ceux-là mêmes qui les utilisaient.

Il est possible que les chrétiens, et en particulier les autorités ecclésiastiques, aient agi par un réflexe de peur : la peur des juifs, présentés comme des êtres sataniques chargés de tous les défauts. Leur influence laissait les évêques désarmés. Cette impuissance semble être à l'origine de leurs attaques contre les juifs. Toutefois, des autorités chrétiennes aussi, en particulier des papes, d'autres évêques ou des saints comme Bernard de Cîteaux prendront la défense des juifs et interviendront en leur faveur. Mais ils seront impuissants à lutter contre un courant qui excitait les mauvais instincts. Le juif a été considéré, pendant tout le Moyen Age, comme le « bouc émissaire », chargé d'expier par sa souffrance le péché de l'humanité tout entière.

Ces exactions, nous l'avons vu, ont eu souvent l'effet exactement contraire à celui qui était recherché : elles ont rendu les juifs sympathiques. En les fréquentant, on s'apercevait qu'ils étaient loin d'être aussi mauvais qu'on le prétendait...

Bien que les circonstances historiques aient été profondément modifiées depuis l'origine, le phénomène que nous avons vu naître avec le christianisme, puis persister, a continué pendant tout le Moyen Age : la rivalité entre le christianisme et le judaïsme existait toujours.

CHAPITRE IV

DU XVᵉ AU XVIIᵉ SIÈCLE
LA RÉFORME ET SES CONSÉQUENCES
NICOLAS ANTOINE
MOSES GERMANUS

Les débuts de l'ère moderne virent se continuer le phénomène de conversions de chrétiens au judaïsme. Toutefois, les causes de ces conversions furent quelque peu différentes.

Le sort des juifs ne cessait pas d'empirer. A la fin du XIIIᵉ siècle, ils furent chassés d'Angleterre après plusieurs massacres. En 1306, c'est de France qu'ils furent expulsés. Après y avoir été réadmis moyennant paiement d'une caution, ils en furent de nouveau bannis en 1395. Plusieurs massacres eurent lieu aussi en Allemagne au cours du XIVᵉ siècle, et de nombreuses mesures furent prises contre les juifs qui purent cependant y rester.

En 1391, une violente pression fut faite sur les juifs d'Espagne ; bon nombre d'entre eux cédèrent et acceptèrent de se convertir au christianisme. Mais ce n'était qu'une apparence. Ces « nouveaux chrétiens », comme on les appelait, furent aussi surnommés marranes (cette appellation veut probablement dire : porcs, mais peut-être aussi : filous). Nous avons déjà évoqué ce phéno-mène[1]. Il fut très important dans l'histoire des relations entre juifs et chrétiens. Il y eut ainsi un certain nombre de gens dont il est difficile de déterminer s'ils étaient juifs ou chrétiens. Les massacres de juifs continuèrent

---

1. Cf. p. 84.

en Espagne. Comme il en restait cependant, et que ceux-ci étaient assez influents, les souverains Ferdinand d'Aragon et Isabelle de Castille, dite Isabelle la Catholique, qui avaient à cœur de réunifier et de pacifier l'Espagne qu'ils avaient délivrée du joug musulman, firent appel à l'Inquisition pour venir à bout des juifs qu'ils considéraient comme des fauteurs de troubles et des éléments hétérogènes.

A la fin du XIIe siècle, la procédure de l'Inquisition avait été instituée pour lutter contre les hérétiques. Comme on s'aperçut en Espagne que nombre de juifs continuaient à pratiquer en cachette la loi de Moïse, ils furent dénoncés à l'Inquisition. Celle-ci, créée pour la défense de la foi chrétienne, usa, on le sait, des procédés les moins évangéliques : tortures et violences. De nombreux marranes et juifs quittèrent l'Espagne pour le Portugal. Mais ils furent chassés de ce pays en 1497. Certains juifs, pour rester au Portugal, devinrent marranes à leur tour. Si bien que nous allons trouver des marranes dans toute la péninsule ibérique et dans le sud de la France.

Un phénomène beaucoup plus important devait ébranler la chrétienté au début du XVIe siècle, ce fut la Réforme. En atteignant la plupart des pays d'Europe septentrionale, elle modifia profondément les conditions de vie des juifs dans ces pays, encore que les protestants, dans l'ensemble, n'aient pas été plus favorables aux juifs que les catholiques.

L'Église continuait de lutter contre les hérésies. Le concile de Florence (1438-1445) avait condamné le marcionisme et d'autres hérésies qui niaient l'autorité de l'Ancien Testament. Mais, en même temps, le Concile avait déclaré clairement que la loi de l'Ancien Testament, ou de Moïse, et les cérémonies qui en découlent avaient cessé avec l'avènement du Nouveau Testament et des sacrements[2]. Le concile de Trente (1545-1563), s'il avait rappelé que le Christ était mort pour tous, avait confirmé la doctrine du concile de Florence en énonçant que ni les forces humaines, ni l'application de

---

2. DENZINGER, *Enchiridion Symbolorum*, édition 24-25, n° 712.

la Loi ne pouvaient sauver, mais la seule grâce du Christ[3]. C'était *ipso facto* une nouvelle condamnation du judaïsme.

Cela n'empêcha pas les conversions, puisque deux moines passèrent au judaïsme à Jérusalem en 1494 et en 1496, c'est-à-dire après le Concile de Florence. Le 4 septembre 1553, un frère franciscain nommé Cornelio de Montalcino, qui avait embrassé le judaïsme à la suite de ses études, fut brûlé vif sur le Campo dei Fiori à Rome : on espérait combattre par la terreur l'influence du judaïsme.

Deux éditeurs publièrent à l'époque des livres hébreux à Venise, mais ils se disputèrent et l'un d'eux, Marcantoni Giustiniani, dénonça l'autre, Aloïse Bragadini, à Rome, pour publication. d'ouvrages « offensant la foi catholique[4] ».

A Ferrare, de nombreux marranes retournèrent au judaïsme au XVIe siècle. De même, en Espagne, un juif du nom de Joseph Sarallo, alias Gabriel Herniques, pouvait se glorifier d'avoir ramené au judaïsme huit cents marranes[5]. Parmi eux, certains furent martyrisés comme apostats de la foi chrétienne.

Au XVIe siècle encore, et toujours en Espagne, Diego Lopez de Pinancos fut exécuté en 1580. A la même époque, un cas de conversion plus connu eut lieu au Portugal. Il s'agit d'un frère franciscain, Diego da Assumpçao, né à Viana en 1579. Celui-ci passait pour marrane, mais il semble qu'il n'ait eu que peu de sang juif et qu'il fût tout autant d'origine chrétienne. C'est peut-être la férocité des persécutions contre les juifs — elles battaient alors leur plein en Espagne et au Portugal — qui l'a éloigné du christianisme. Mais, plus probablement, sa conversion fut d'ordre intellectuel : ayant étudié l'Ancien Testament, il en tira la conclusion que les dogmes chrétiens étaient intenables et que le judaïsme lui était supérieur. Son jugement reposait uniquement, semble-t-il, sur une interprétation littéraliste

---

3. DENZINGER, ouvrage cité, n° 811.
4. C. ROTH, *The History of the Jews of Italy,* p. 290.
5. ID., *ibid.,* p. 314.

de la Bible. Il ne percevait pas que l'Ancien Testament était une annonce, une « figure » du Nouveau, et ne voyait pas la correspondance entre les deux époques du salut.

Non content de conserver ses vues pour lui-même, il essaya de faire des adeptes. Bien entendu, il fut poursuivi. Il essaya alors de fuir en France ou en Angleterre, mais il fut arrêté en chemin et traduit devant l'Inquisition. Il commença par reconnaître ses torts, et fit repentance. Mais bientôt, il changea de nouveau d'attitude, et confessa qu'il voulait adhérer à la loi de Moïse « dans laquelle il vivait et désirait mourir[6] ». Selon lui, c'était cette loi qui assurait le salut : il s'opposait ainsi aux déclarations des conciles de Florence et de Trente.

Il ne semble pas qu'il ait pris contact avec des juifs, mais que seule son interprétation de l'Écriture l'incitât à vivre selon la loi mosaïque. En prison, il refusa de manger les mets interdits par cette loi, jeûnait chaque vendredi, allumait la lampe du sabbat, observait avec dévotion le chômage du samedi alors qu'il travaillait ostensiblement le dimanche. Plusieurs théologiens s'efforcèrent en vain de le convaincre : il leur résista. Il fut condamné et brûlé à Lisbonne en 1603. Les juifs le considèrent comme un martyr mort pour « la sanctification du Nom ». Des poèmes juifs furent composés en son honneur, et des marranes fondèrent en souvenir de lui une association appelée « Confraternité de saint Diogo », ainsi nommée pour donner le change. Coimbra fut le centre de cette dévotion[7].

Le judaïsme, ou le crypto-judaïsme, a exercé son empire sur les descendants des marranes. Un groupement de judaïsants portugais était installé à Rouen entre 1603 et 1607 ; il comprenait des descendants de mariages entre « vieux chrétiens » et « nouveaux chrétiens ».

Le phénomène marrane comporte de nombreuses ten-

---

6. C. ROTH, *A history of the Marranos,* Philadelphie, 1941, p. 150.
7. ID., *ibid.,* p. 150-151 et *Encyclopaedia Judaica,* article « Assumpçao Diogo Da ».

dances : une intégration sincère, le passage d'une religion à une autre par intérêt, enfin un véritable simulacre. Toutefois, il semble bien qu'à la longue les marranes aient subi une réelle influence chrétienne. En 1917, on a trouvé trace au Portugal d'une secte marrane teintée d'éléments chrétiens[8]. Il s'agit là d'un phénomène de syncrétisme.

La Réforme provoqua des tendances syncrétistes toutes différentes. Dans la mesure où elle ramenait à la Bible et donc à l'Ancien Testament, elle produisait un courant judaïsant suivi à la fois par des individus isolés et par des sectes. Certains chrétiens revinrent à la circoncision et à l'observance du sabbat. En 1600, l'évêque d'Exeter se plaint de l'influence du judaïsme dans son diocèse[9].

En 1612, deux Anglais meurent sur le bûcher pour avoir professé des vues sur le Décalogue analogues à celles du judaïsme, en particulier sur l'unicité de Dieu à l'encontre de la doctrine trinitaire. Ce fut en Angleterre le dernier supplice pour raisons religieuses.

Certains esprits étudient plusieurs religions à la fois. Un illuminé, Guillaume Postel (1510-1581), d'abord diplomate, entra ensuite chez les jésuites qui ne le gardèrent pas. Puis il étudia le Coran et apprit l'hébreu tout seul en empruntant une grammaire et un psautier à des juifs. Après quoi, il se rendit à Venise où il étudia le Zohar et se plongea dans la Kabbale[10]. C'était un utopiste qui rêvait de concorde universelle et de réconciliation entre toutes les religions. Il n'est pas impossible que son intérêt pour les juifs ait été dicté par le souci de les conduire au christianisme[11].

---

8. I.S. REVAH, *Les Marranes*, REJ, 1959-1960, t. I, p. 45-53.

9. C. ROTH, *History of the Jews in England,* Oxford, 1942, p. 149.

10. François SECRET, *Note sur les hébraïsants chrétiens*, REJ, t. 123, 1-2, janvier-juin 1964, p. 141-168 ; *Guillaume Postel (1510-1581) et son interprétation du candélabre de Moïse,* Niewkoop, 1966 ; *Les Kabbalistes chrétiens de la Renaissance,* Paris, 1964, p. 172-173.

11. Telle est l'opinion de François Secret.

En ce XVIe siècle où bouillonnent les idées, l'influence de l'Église catholique est moins grande, par suite du double développement du rationalisme et des mouvements issus de la Réforme. Au contraire, l'influence du judaïsme est très importante. Il semble que des juifs aient enseigné l'hébreu et les « secrets » de la Kabbale à des chrétiens, bien que les rabbins aient interdit cette divulgation [12]. Les juifs ont repris leur influence en France où ils sont revenus peu à peu. L'un d'eux, Salomon Molcho, aurait tenté de convertir au judaïsme François Ier. Mais selon certains auteurs, ce pourrait être une fable [13].

A la fin du XVIe siècle, un prosélyte partit au Levant pour y professer le judaïsme. C'était un aristocrate français nommé Roueries, qui avait possédé trois châteaux dans les environs de Lyons-la-Forêt. Convaincu de la supériorité du judaïsme, il se rendit avec ses deux fils à Venise où il entra dans la communauté juive. Il alla ensuite à Naxos, une île grecque, où Don Joseph Nassi, duc de Naxos, l'encouragea vivement à persévérer dans le judaïsme, on ne sait pour quelle raison. Des marchands français s'étonnèrent de son cas : il avait tout abandonné pour partager le sort du peuple juif. Il leur fit une brève réponse :

> Je ne suis pas venu chercher les juifs, mais le Dieu des juifs et leur Loi. Vous ne pouvez donc me traiter d'illuminé.

Un autre prosélyte français, « jusqu'ici inconnu des historiens », fut un certain Aaron d'Antan, né dans une petite ville de Provence, et entièrement dévoué au judaïsme. Il écrivit des lettres à Mathurin Veyssière de la Croix (1661-1739), « Libraire royal à Berlin » (sans doute un descendant de protestants français émigrés), pour justifier son cheminement [14]. Il y eut parfois une

---

12. F. SECRET, *Notes sur les juifs d'Avignon à la Renaissance*, REJ, 1963, janvier-juin, p. 182. D'après *Le miroir politique* de Guillaume de LA PERRIÈRE (1449 environ-1565).

13. F. SECRET, *Note sur les hébraïsants chrétiens*, p. 145.

14. Cecil ROTH, *Personalities and Events in Jewish History*,

certaine connivence entre juifs et judaïsants d'une part, protestants d'autre part. Nous en avons trouvé des exemples en Angleterre et en France, en Espagne et en Italie. Un autre cas est relevé en Pologne où la femme d'un marchand, membre du Conseil municipal de Cracovie, fut accusée en 1530 de judaïser. Elle se repentit, mais elle continua dans la même voie. Son repentir n'avait été qu'apparent. Elle fut poursuivie en 1539 alors qu'elle avait environ quatre-vingts ans ; elle refusa de se rétracter et fut brûlée vive. Catherine Weigel — tel est son nom — fut très courageuse et défendit vaillamment sa foi. Mais elle semble avoir mal connu la religion chrétienne puisqu'elle affirma, entre autres :

> Dieu n'a ni femme, ni fils, il n'en a pas besoin, tous les hommes sont ses enfants [15].

On peut se demander si Catherine Weigel était bien passée au judaïsme, ou bien si elle ne faisait pas partie d'une des sectes antitrinitaires qui se développèrent avec la Réforme et qui, comme nous le verrons, furent assimilées à tort au judaïsme [16]. •

Sur les ordres du roi de Pologne, à la suite de cette affaire, les chefs de la communauté juive de Cracovie furent arrêtés, et de nombreux juifs émigrèrent. Un mouvement de prosélytisme pour le retour à Jérusalem se propagea en Pologne et en Lithuanie où il fut poursuivi en 1539-1540. Vers 1600, le recteur de l'université de Marbourg près de Belgrade était Conrad Victor, professeur de langues anciennes. Il trouva impossible d'accepter le dogme de la Trinité et de croire en la divinité de Jésus ; aussi s'exila-t-il. Il s'embarqua discrètement en 1607 pour Salonique où il embrassa le

---

pp. 157-158. Cet auteur n'indique malheureusement pas toujours ses sources.

15. *Encyclopedia Judaica,* article « Weigel Zaluszowska Catherine » (1460-1539). Nous n'avons pu prendre connaissance de l'article de M. Balaban, *Historya Zvdow in Krakiwie, ina kazmierzu,* I (1931), 125-130. La citation est tirée de l'article de l'*Encyclopaedia Judaica.*

16. Cf. *infra,* p. 123.

judaïsme sous le nom de Moïse Prado. Un peu plus tard, il sollicita en vain du duc de Hesse l'autorisation de revenir voir sa famille ; il resta en exil et y mourut quelques années après [17].

A la même époque et en France, en décembre 1621, un chrétien converti au judaïsme, Jean Fontanier, fut brûlé à Paris en place de Grève. Il était né à Montpellier dans le calvinisme, passa au catholicisme, devint moine, puis défroqua. Il fut ensuite avocat au Conseil du roi malgré ce passé orageux, et il obtint la charge du nettoyage des rues de Paris. Il écrivit sur le judaïsme un livre intitulé *Le Trésor inestimable.* Il semble qu'il ait découvert le judaïsme dans l'Ancien Testament, et il n'est pas certain qu'il ait fait partie d'une communauté juive. Toutefois, ses idées étaient fort loin de l'orthodoxie chrétienne. Mais il se repentit avant de mourir, et, sur le bûcher, fit profession de foi chrétienne [18].

Toujours au XVIIe siècle, nous savons avec certitude que Monsieur Beurrier, le confesseur de Pascal, ramena au christianisme un judaïsant.

> Cet honnête homme avait eu la curiosité d'apprendre parfaitement l'hébreu et, pour cela, il fit venir chez lui un docte et savant juif qui le lui montra, mais à son malheur... il se mit à lui expliquer les principes de sa Bible hébraïque à sa mode et lui persuada si bien que la religion des juifs était l'unique dans laquelle on pouvait se sauver et que la chrétienne n'était qu'une fable qu'il donna dans le panneau et comme sa vie n'était pas des mieux réglées et des plus chrétiennes, Dieu permit qu'il demeurât dans cette erreur et cet abisme d'infidélité judaïque pendant quelques années [19].

---

17. *Encyclopaedia Judaica,* article « Moïse Prado », et C. Roth, et C. Roth, *Personalities...,* p. 156.

18. Robert Anchel, *Les Juifs de France,* p. 149. Les sources de R. Anchel sont deux manuscrits dont l'un se trouve à la Bibliothèque nationale et l'autre aux Archives nationales.

19. F. Secret, *Note sur les hébraïsants chrétiens et les juifs en France,* REJ, t. 129, avril-décembre 1970, 2-3-4, p. 227. Il s'agit d'une citation des *Mémoires* de Beurrier.

Voilà donc encore le cas d'un chrétien incapable de comprendre que la connaissance de l'Ancien Testament est compatible avec la foi chrétienne. En outre, dans la mesure où cet homme menait une vie déréglée, il est possible que la morale juive plus souple sur certains points ait mieux convenu. Peut-être avait-il des difficultés conjugales, et le judaïsme, en l'autorisant à divorcer, lui permettait de leur trouver une solution alors qu'un mariage chrétien était indissoluble. Toutefois, dans ce cas encore, il n'est pas question d'adhésion à une communauté juive, et il est possible aussi que ses excès — dont nous ne connaissons pas la nature — n'auraient pas été mieux tolérés par les juifs que par les chrétiens.

Nous savons encore que cet homme possédait une maison de campagne à Nanterre où Beurrier était curé ; il continuait d'aller à l'église pour sauver les apparences (et probablement pour ne pas perdre sa charge). Beurrier ne cite pas son nom, sans doute par discrétion [20].

Par le même Beurrier, nous connaissons aussi le cas d'un médecin parisien nommé Basin :

> Passant par Avignon, il se retira chez les juifs... et fut souvent dans leurs synagogues, puis il partit au Portugal et en Turquie [21].

Ces contacts avec les juifs avaient lieu malgré les interdictions ecclésiastiques ou civiles : en 1511, à Paris, défense avait été faite aux chrétiens d'entretenir des relations avec les juifs ; mais certains passaient outre. Il est évident que la mesure avait été prise à la suite de cas de conversions ou de tentatives de conversions. Elle paraît n'avoir pas eu plus d'effet que les précédentes.

Nicolas Antoine

L'exemple le plus caractéristique de l'influence que

---

20. F. SECRET, ouvrage cité, p. 228.
21. ID., *ibid.,* p. 227.

put prendre la Réforme sur certains esprits pour les tourner vers le judaïsme est celui de Nicolas Antoine.

A partir de la Réforme, certains chercheront avec angoisse la vérité dans l'Écriture, mais librement et sans tenir compte de l'enseignement de l'Église catholique. Quelques-uns d'entre eux, comme Fontanier ou Nicolas Antoine, passeront par le catholicisme et le protestantisme, ou l'inverse, avant d'aboutir au judaïsme. Jean Fontanier, nous l'avons vu, né calviniste, devint catholique, puis juif. Nicolas Antoine quitta le catholicisme pour le protestantisme, et finit dans le judaïsme, en fait, sinon officiellement. Il était né à Briey dans une famille catholique vers 1602. Il suivit les cours des jésuites à Luxembourg, puis à Pont-à-Mousson et à Trèves. Il apprit le latin, pensa devenir prêtre, mais, au cours de ses études, il rencontra le protestantisme et s'y convertit à Metz vers 1623. Cela provoqua une rupture avec sa famille, à l'exception de l'un de ses frères qui suivit la même voie que lui. Il vécut ensuite à Sedan, puis à Genève où il fit des études de théologie. Il y soutint sa thèse en 1626 sur un sujet caractéristique : *De falso missae sacrificio* (Du faux sacrifice de la messe). C'était une apologie de la position calviniste et une attaque du catholicisme. Par suite de sa brouille avec sa famille, il avait peu de moyens financiers et vécut dans une situation proche de la misère. Il tomba malade et rentra à Metz où il entretint d'étroits rapports avec la communauté juive.

Ensuite, il fut pris de doute. Il se rendit alors à Venise, revint à Genève, puis retourna à Venise. Il fit ainsi plusieurs allers et retours entre Genève et certaines villes italiennes. Lors de son procès, il devait déclarer que les juifs de Venise avaient refusé de le circoncire par crainte de représailles du Conseil des Dix (Venise était alors une république indépendante régie par ce Conseil). Les juifs lui donnèrent le conseil de rester apparemment chrétien, mais d'adhérer de cœur au judaïsme[22]. Il se rendit alors à Padoue, sans doute pour

---

22. Bernard LASCAZE, *La Confession de foi de Nicolas Antoine*, dans *Bulletin de la Société d'Histoire et d'Archéologie de Genève*,

essayer une nouvelle fois d'être reçu dans le judaïsme. Mais les juifs de cette ville lui donnèrent le même conseil que ceux de Venise. Il enseigna ensuite la théologie à Brescia, où il dut avoir des ennuis par suite de ses opinions théologiques, car il n'y resta pas et il retourna à Genève. Il y continua ses études théologiques tout en gagnant sa vie à donner des leçons. Il fut alors nommé pasteur à Divonne. Ses paroissiens, peu cultivés, ne prirent pas ombrage de sa théologie très particulière. Tous ses sermons étaient tirés de l'Ancien Testament. En outre, il donnait la bénédiction au nom de Dieu seul, sans jamais se référer à la Trinité. Pendant ce temps, il ne cessait pas d'être l'objet d'une lutte intérieure et ne trouvait pas la paix.

En 1632, il eut une véritable crise de folie : il se prosternait dans les rues de Genève, et tenta même de se jeter dans le Rhône. Il fut alors transporté à l'hôpital. Des pasteurs vinrent le voir et parler avec lui. Il discuta avec eux, leur fit remarquer que l'Ancien Testament ne mentionne pas la Trinité, et nia explicitement en leur présence la divinité de Jésus-Christ.

On l'accusa d'avoir parjuré la foi de son baptême et d'être devenu juif. En outre, il avait transgressé le serment qu'il avait prêté lors de son entrée dans le ministère. On lui intenta un procès en bonne et due forme. Antoine était d'un tempérament discuteur, ergoteur, contestataire. Il avait peu d'amis, n'attirait pas l'affection : c'était une sorte d'illuminé et son état mental était réellement précaire. Certains pasteurs le comprenaient et l'excusaient ; ils le tenaient pour irresponsable. Ils estimaient que sa condamnation serait inopportune et voulaient seulement le condamner à être déposé, excommunié et banni. Mais d'autres, scandalisés par son apostasie et par l'exemple qu'il donnait, réclamaient pour lui la prison perpétuelle. D'autres enfin allaient jusqu'à vouloir le condamner à mort, estimant que la folie n'était pas une excuse.

Lors de son procès, qui eut lieu à Genève, le pasteur

XIV, 3, 1970, pp. 227-281. Le dernier renseignement provient des Archives de l'Église de Genève.

Jean Mestrezat, de Charenton, et le pasteur Paul Ferry, de Genève, prirent sa défense, car ils estimaient qu'une peine capitale entacherait de honte la religion protestante. Mais ils ne furent pas suivis, et Nicolas Antoine fut condamné à être étranglé, puis brûlé avec ses livres. Il fut exécuté à Genève le 20 avril 1632. Les Réformés usaient envers les hérétiques des mêmes moyens violents que les catholiques. Toutefois, malgré les termes de la condamnation, ses écrits furent conservés, et nous possédons la « confession de foi » de Nicolas Antoine, trente-quatre pages écrites de sa main. Il appuie sa foi exclusivement sur l'Ancien Testament, « le Vieil Testament », et rejette de manière absolue l'autorité du Nouveau [23]. La confession de foi d'Antoine commence ainsi :

> Au nom de l'Éternel, le Dieu des cieux, Son Saint nom, assavoir le nom de l'Éternel, le Dieu d'Israël soit éternellement béni. Amen.
> 1. Il n'y a qu'un seul Dieu... le Dieu d'Israël qui est d'une essence pure et simple, sans division ni distinction aucune.
> 2. Une seule voie de salut et de vie éternelle : les commandements de la loi de Moïse.
> 3. La circoncision est la marque de l'Alliance de Dieu avec son peuple d'Israël et avec tous les peuples des étrangers qui voudraient recevoir cette marque, encore aujourd'hui et jusqu'à la fin du monde.
> 4. La sanctification du jour du sabbat doit être observée jusqu'à la fin du monde.
> 5. De même l'observation des viandes impures.
> 6. Les sacrifices seront rétablis quand le Temple de Jérusalem sera reconstruit.
> 7. Le Temple et la ville de Jérusalem seront un jour rebâtis.
> 8. Le vrai Messie doit venir, Grand Roi, mais simplement homme, un prophète qui rétablira le royaume d'Israël ; ce sera un descendant de David [24].

Les paragraphes 9, 10 et 11 niaient le péché originel : Antoine estimait qu'il n'y avait que des péchés person-

---

23. B. LASCAZE, ouvrage cité, pp. 281-287.
24. ID., *ibid.*, pp. 291-297.

nels et que l'humanité n'était pas concernée par le péché d'Adam. Il niait aussi la prédestination, en se rapprochant ainsi de Pélage : l'homme était maître de son destin. Il protestait également contre le dogme de la communion des saints et niait que l'on puisse mériter la grâce d'un autre que soi-même. Enfin le paragraphe 12 déclarait :

> Le Nouveau Testament n'est conforme ny avec soi-même ny avec le Vieil Testament en ce qui concerne l'établissement du Nom.

Antoine désignait sous cette expression le règne de Dieu, et il ne pensait pas que l'enseignement du Nouveau Testament sur ce point soit conforme à l'Ancien. Il se déclarait prêt à mourir pour le Dieu d'Israël.

> Si je ne suis pas en la droitte voye, appele m'y, Seigneur Eternel, mais aussi si j'y suis, je te le supply qu'il te plaise m'y fortifier jusqu'à la mort.

Il apporte ensuite la preuve et la démonstration des douze articles de sa confession de foi en s'appuyant sur des textes de l'Ancien Testament. D'après lui, si Dieu est Trinité, il ne l'aurait pas caché à son peuple bien-aimé, Israël. Il remarque qu'aucun commandement ne se rapporte à l'adoration des trois personnes divines. Il n'envisage pas que la Révélation ait pu être progressive et se faire en deux étapes. Bien plus, il accuse les catholiques d'adorer quatre personnes divines :

> Les papistes en auraient trouvé quatre.

Il s'agit sans doute d'une allusion à la vénération de la Sainte Vierge par les catholiques.

Puis vient une discussion théologique sur la Trinité. Il semble qu'en réalité Antoine n'ait eu aucune formation théologique solide. L'assimilation de la Vierge à une personne divine le prouve. De même, il ne voit pas la possibilité de concilier l'éternité du Fils et son engendrement par le Père. De même encore, pour lui, si le Saint-Esprit procède du Père, il ne peut être aussi l'Esprit du Fils. Antoine semble n'avoir eu que des aperçus de la théologie chrétienne, ou avoir été incapable d'approfondir véritablement les problèmes concernant la Trinité.

Il n'y aurait pas besoin, entre Dieu et l'homme, de médiateur ou de rédempteur ; le rôle de Jésus-Christ est donc inutile. D'ailleurs, pourquoi le Christ aurait-il aboli la Loi de Moïse, donnée pour toute éternité ? La circoncision et le sabbat ont été donnés pour toujours : pourquoi donc les avoir supprimés au lieu de les faire respecter par tous les hommes ?

Antoine s'appuie sur de nombreux passages de psaumes. Pour lui, le Messie viendra quand Israël retournera en Terre Sainte, et il cite plusieurs textes en ce sens.

Il conteste la messianité de Jésus, et, plus généralement, la vérité du Nouveau Testament. Il se base en particulier sur le désaccord existant entre Matthieu et Luc en ce qui concerne la généalogie de Jésus[25]. Le célèbre texte d'Isaïe concernant la « jeune femme » *(almah)* qui met au monde un enfant lui apparaît comme la négation de la virginité de Marie.

> Voici, la jeune femme est enceinte et va enfanter un fils qui s'appellera Emmanuel (Is 7, 14).

Il s'agit là, en effet, d'un autre problème exégétique épineux. Mais la Septante a traduit le mot *almah* par *parthenos,* qui veut dire vierge. Sans doute Antoine ne connaissait-il pas la Septante et l'argument que la tradition chrétienne en a tiré sur ce point. Sa position sera reprise ensuite par de nombreux protestants. Pour Antoine, l'alliance de la paix de Dieu est promise au seul peuple d'Israël, et non aux païens ; il n'y a pas de raison pour qu'il y ait un changement à ce sujet. Les juifs sont donc les seuls bénéficiaires de l'Alliance, comme ils sont aussi les seuls à respecter la loi divine. En vertu de l'immutabilité de l'Alliance, Antoine pense

---

25. Mt 1, 1-16 et Lc 3, 23-38. Il s'agit en effet d'un problème exégétique difficile auquel ont été proposées plusieurs solutions.

que les juifs reviendront un jour à Jérusalem[26]. Sur tous ces points, il a la certitude d'être dans la vérité puisqu'il s'appuie sur la Parole de Dieu révélée dans l'Ancien Testament[27]. Il ne fonde d'ailleurs sa position que sur cet Ancien Testament, auquel il confère une autorité absolue. C'est en ce sens qu'il est très proche de la religion juive. Mais il ne sait rien d'autre d'elle, et sa connaissance est donc superficielle. Il n'a jamais fait partie d'une communauté juive. Il ne connaît pas les commentateurs juifs et ignore les Talmuds. C'est seulement par une interprétation personnelle de l'Ancien Testament, et une interprétation littéraliste, qu'il rejoint d'une certaine façon la foi juive.

Nicolas Antoine est un exemple caractéristique de l'attrait qu'exerçait alors le judaïsme ; cependant, dans son cas, il n'y a pas conversion totale puisqu'il n'est reconnu comme juif que par les chrétiens. On considère en effet qu'il pratique la religion juive parce qu'il rejette la divinité de Jésus, la justification par la foi et parce qu'il refuse de manger du porc. Ce dernier signe était alors considéré comme significatif. C'est lui qui, le plus souvent, permettait en Espagne de distinguer les marranes des juifs devenus authentiquement chrétiens. Le tribunal de Genève ne devait pas l'ignorer.

Ayant découvert l'Ancien Testament dans le texte hébreu, Nicolas Antoine lui donne une valeur littérale et absolue ; il rejette l'interprétation chrétienne de cette partie de la Bible ; mais on peut se demander s'il la connaissait puisqu'il n'y fait pas allusion. Il semble qu'une évolution personnelle l'ait engagé dans une direction qui devait s'affirmer ultérieurement sous l'influence des rabbins de Metz, Venise et Padoue. Dans son cas, la lecture du texte de l'Ancien Testament et l'influence juive ont donc joué dans le même sens. Et cette évolution a été facilitée par le climat de la Réforme : dans la mesure où l'autorité de l'Église et de

---

26. Les événements lui ont donné raison sur ce point. Nombre de chrétiens, catholiques ou protestants, appliquent au retour des juifs en Terre Sainte en 1948 les prophéties de l'Ancien Testament.

27. B. Lascaze, article cité, pp. 299-322.

la Tradition était niée, toute interprétation personnelle
de la Bible devenait possible. Toutefois, il est rare que
cette liberté ait été jusqu'à détacher du christianisme.
Le cas de Nicolas Antoine est donc exceptionnel ; son
instabilité caractérielle a joué, mais aussi son désir sincère de vérité ; il avait conservé du protestantisme un
souci de rigueur et même d'intransigeance [28].

On peut noter que les arguments d'Antoine contre les
dogmes chrétiens rejoignent les arguments juifs, bien
qu'il n'ait pas connu ceux-ci à l'origine. Cette convergence résulte du caractère des arguments juifs plus
rationnels que les mystères chrétiens [29]. L'Incarnation ou
la conception virginale peuvent paraître contraires à la
raison humaine.

La sévérité de la peine dont fut victime Nicolas
Antoine s'explique peut-être au moins autant par la
supercherie à laquelle il s'était livré que par sa profession de foi elle-même : en effet, il continuait de se conduire en pasteur protestant, alors que sa pensée et sa
foi étaient toutes différentes. Il semble que ce soit surtout cette comédie jouée par lui qui explique la gravité
de la sentence. Mais il paraît aussi n'avoir pas été lui-
même l'instigateur de cette tromperie et n'avoir agi
ainsi que sur le conseil des rabbins [30].

Nicolas Antoine entraîna vers le judaïsme un ami de
Sedan, nommé Villemand, qui partit avec lui en Italie
mû par le même désir de devenir juif ; on ne sait ce
qu'il devint ; toutefois, il est probable qu'il fut rejeté
lui aussi par les communautés juives peu soucieuses de
s'attirer des difficultés [31].

---

28. B. Lascaze, article cité, pp. 287-288. Un auteur contemporain,
E. Labrousse, a pris la défense de Nicolas Antoine ; il nie que celui-ci
ait été fou et affirme l'identité entre le Dieu d'Israël vénéré par
Antoine et le Dieu des chrétiens. Certes, il s'agit bien du même Dieu,
mais la négation de la Trinité et de la divinité de Jésus donne de ce
Dieu une image différente. Cf. E. Labrousse, *Vie et mort de Nicolas
Antoine, Études théologiques et religieuses,* n° 3, 1977, pp. 421-433.
29. Cf. notre Introduction, p. 26.
30. J. Weill, « Nicolas Antoine », REJ, 1898, t. 36-37, pp. 167-
169.
31. Id., *ibid.,* pp. 169-170.

Nicolas Antoine est donc, comme les autres convertis de l'époque cités ci-dessus, un cas individuel. Mais la Réforme engendra en outre des mouvements collectifs antitrinitaires. Le même raisonnement qui avait incité Nicolas Antoine à rejeter le Nouveau Testament fut tenu par de petits groupes qui, comme lui rejetaient ou même ignoraient l'interprétation de la Bible telle qu'elle avait été enseignée par l'Église depuis l'origine. Dans la mesure où ces groupes revenaient au seul Ancien Testament, ils furent considérés comme « judaïsants », bien qu'ils n'aient eu aucun contact avec le judaïsme. Il est parfois difficile de déterminer si un judaïsant est un exemple isolé, ou bien s'il était sous l'influence de l'un des groupes antitrinitaires issus de la Réforme. Il en est ainsi de Catherine Weigel au XVIᵉ siècle [32]. Il en est ainsi de Moses Germanus au siècle suivant.

Moses Germanus

Le personnage de Moses Germanus (Moïse l'Allemand) nous est connu surtout par un protestant du nom d'Olliger Pauli qui s'intéressa vivement à lui, et publia même plusieurs de ses œuvres. Mais il est difficile de faire la part des opinions de l'un et de l'autre. Olliger Pauli était un protestant danois qui témoigna aux juifs une grande sympathie ; il était lui-même d'ascendance juive par l'un de ses grands-pères. Il se considérait comme une sorte de messie, admirait le judaïsme, mais il a conservé la foi chrétienne contrairement à Moses Germanus dont il partagea cependant quelques idées comme nous le verrons.

D'après Olliger Pauli, Moses Germanus serait né à Augsbourg, ou peut-être à Vienne, entre 1642 et 1645. Son nom était Peter Spaeth. Il était le fils d'un cordonnier catholique. Il passa sa jeunesse à Augsbourg ; à l'âge mûr, il subit l'influence d'un protestant célèbre de son temps, Théodore Spizelius, à Tübingen ou à Stuttgart. Il se convertit alors au protestantisme. A

---

32. Cf. *supra*, p. 103.

Francfort-sur-le-Main, il adhéra au piétisme dont il fut un membre actif. Mais les rivalités qui existaient chez les piétistes l'éloignèrent d'eux ; il revint au catholicisme, et entra même chez les carmes à Francfort. Très vite, il fut pris de doute et sortit du couvent. A ce moment, il prit contact avec des sectes protestantes, en particulier avec les sociniens[33]. C'est sans doute à cette époque de sa vie qu'il entra dans la communauté des sociniens à Clèves. De tels changements n'étaient pas rares en cette époque troublée. Il se sépara des sociniens vers 1700 à cause d'opinions différentes sur la personne de Jésus. Les sociniens, dans la mesure où ils niaient la Trinité et considéraient Jésus comme un homme, étaient proches du judaïsme : c'est par leur intermédiaire que Peter Spaeth découvrit celui-ci.

Vers 1696, il se convertit au judaïsme. Nous le savons par une lettre de son ami Johanes Leuden qui affirme :

> *Ex litteris tuis intelligo te Judaeum esse*[34].
> (Je comprends par tes lettres que tu es juif.)

Il se fit circoncire en 1697 à Amsterdam ou peut-être à Clèves. Cette opération fut très douloureuse, et il en souffrit beaucoup. On sait qu'il fit partie de la communauté juive d'Amsterdam. Il y enseigna les enfants juifs comme auparavant les enfants chrétiens. Il se maria avec une femme juive et éleva ses enfants dans le judaïsme. Il mourut à Amsterdam le 27 avril 1701[35]. Il

---

33. Cf. *infra*, p. 126.

34. Hans Joachim SCHOEPS, *Philosemitismus im Barock. Religions und Geistesgeschichtliche Untersuchungen,* Tübingen, 1952, p. 72. Le titre même de l'ouvrage est significatif. Le philosémitisme dans le baroque. D'après Schoeps, Johanes Leuden était lui-même un juif qui projetait d'écrire un livre qui devait s'intituler : *Salus ex Judaeis* (Le salut vient des juifs), dans lequel il devait citer l'exemple de Spaeth. Il ne semble pas que ce livre ait vu le jour, on n'en trouve pas trace. Voir note 37.

35. H.J. SCHOEPS, ouvrage cité, pp. 68-71. D'après Schoeps, les œuvres de Spaeth éditées par Olliger Pauli seraient les suivantes : *Stemme des Bruydegoms, De beloof de Groote Roeper, De Beeker*

semble qu'au départ son rapprochement avec les juifs ait eu pour cause le désir de convertir ceux-ci au christianisme. Il partageait cette idée avec Olliger Pauli et, comme lui aussi, désirait faire revenir les juifs en Palesine[36]. Il a publié plusieurs livres contre le christianisme[37]. On peut y trouver les raisons de sa conversion. Elles résident principalement dans les difficultés soulevées par la personne de Jésus. Spaeth était un rationaliste qui ne pouvait saisir les mystères chrétiens. D'autre part, son rationalisme le poussa à une exégèse critique de la Bible qu'il ne parvint pas à allier à la foi au Christ. Ainsi Moses Germanus est-il un précurseur des philosophes du XVIIIe siècle.

Pour lui, l'Église chrétienne est une institution constantinienne. Le fondement de la vraie religion se trouverait dans la tradition juive, dans le Talmud et la Mischna (codification de la loi orale). La communion serait une idolâtrie, la papauté, « le siège de la pestilence ». En ce sens, par son antipapisme, Moses Germanus est bien un protestant du XVIIe siècle. Il découvre que les premiers martyrs chrétiens étaient juifs, mais sans jamais comprendre comment ils avaient pu passer du judaïsme au christianisme : selon lui, « les chrétiens ont volé la Bible aux juifs », et leur interprétation serait une falsification ; seuls les juifs détiendraient la vérité de l'Écriture Sainte.

Il y a chez Moses Germanus des idées très modernes, qu'il doit peut-être à Richard Simon dont il semble connaître les thèses exégétiques. En particulier, Moses Germanus pense qu'il y aurait eu un proto-Matthieu en hébreu, ce qui, à l'époque, était une idée nouvelle et révolutionnaire.

der Swymmeling. Ultérieurement fut publié *T'Groote Hosianna selfs van Joders uytgeroepen* (Amsterdam, 1701. Édition allemande à Cologne en 1704).

36. ID., *ibid.,* p. 53.

37. D'après Schoeps, il y aurait aussi un écrit anonyme de Spaeth contre Spinoza : *Antiquae veritatis studiosus* (t. I : *Salus ex Judaeis ;* t. II, *Sapientia in Israele) ;* la date de cet ouvrage serait 1697. Spaeth aurait-il repris le projet de son ami Johanes Leuden, ou bien est-ce Leuden et non Spaeth qui aurait écrit l'ouvrage en question ? Schoeps n'en parle pas.

Il est assez singulier de voir Moses Germanus défendre tantôt le judaïsme, et tantôt, contre les sociniens et les antitrinitaires, des points de foi chrétienne. Il croit en effet à la Trinité, mais la deuxième personne de la Trinité serait la Schekinah, et la troisième la Hochmah [38].

Il partage avec les juifs, avec les sociniens et certains millénaristes l'idée que le Messie n'est pas encore venu. Son eschatologie est teintée de judaïsme : le Messie attendu ne serait pas un Homme-Dieu, mais un deuxième Moïse. Jusqu'à sa venue, que Moses croit proche, la Loi de Dieu dirige les hommes, et elle est inchangée depuis qu'elle leur a été donnée. Moses Germanus affirmait :

> Omnia esse incerta nisi hoc : unum (scilicet) esse Deum.
> (Tout est incertain, si ce n'est que Dieu est sans aucun doute un.)

Il proclame donc, comme les juifs, l'unicité de Dieu à l'encontre de la foi trinitaire [39].

Il les suit sur d'autres points. Par exemple, pour lui, comme pour les juifs, le serviteur souffrant d'Isaïe est le peuple juif et non pas Jésus. Il ne pense pas revenir en arrière en adhérant au judaïsme, mais au contraire il a l'impression d'être un précurseur, et il l'a été en effet dans sa tentative d'exégèse critique de la Bible.

On peut toutefois se demander si Moses Germanus a été un véritable juif, ou bien s'il n'a pas plutôt suivi Spinoza qu'il tenait pour un excellent kabbaliste. Cependant, il n'a pas été non plus un véritable panthéiste comme Spinoza ; il a d'ailleurs combattu celui-ci dans un livre [40] ; il n'a pas non plus été un véritable kabbaliste : il n'a jamais dépassé le seuil des prémices de l'étude de la Kabbale, comme il le reconnaît lui-même [41]. La Kabbale était seulement pour lui, comme

---

38. *Schekinah* = la gloire de Dieu. *Hochmah* = la Sagesse.

39. Schoeps (p. 77) cite ici Spener, sans donner de référence précise.

40. Voir note 37.

41. Schoeps (p. 79) cite J.G. WACHTER, *Der Spinozismus im Judenthum,* Amsterdam, 1699, p. 76.

elle l'a été pour d'autres, un chemin pour mener au vrai judaïsme.

De même encore, il ne semble pas avoir été vraiment socinien, même quand il adhéra à ce mouvement : il ne trouva nulle part de doctrine qui lui convienne vraiment, sauf le judaïsme, sous la réserve énoncée ci-dessus. Il était surtout farouchement ennemi de l'Église catholique, sentiment qu'il avait peut-être pris chez les sociniens. Mais il semble avoir été aussi un esprit peu équilibré. En dépit de son admiration pour le judaïsme, il croyait à la métempsycose. En outre, il suivit un moment le fanatique J.H. Feusting qui pensait que tous les maux de l'Église viennent des femmes. Sans doute changea-t-il d'avis à ce sujet puisqu'il se maria plus tard. Il a donc cherché la vérité de tous les côtés, sans la trouver nulle part sauf dans un certain judaïsme à sa manière, et il semble d'ailleurs avoir été attiré par toutes sortes de fables [42].

Moses Germanus donne la confirmation qu'au XVIIᵉ siècle il y avait toutes sortes de degrés entre le christianisme et le judaïsme. Il cite avec éloge le marrane Lapeyrère, « resté très proche de son ancien peuple ». Mais, contrairement à d'autres, et en particulier à Olliger Pauli, Moses Germanus est allé jusqu'à la conversion véritable. Il poussa jusqu'au bout la reconnaissance de la vérité du judaïsme sans avoir rien compris, semble-t-il, à l'enseignement du Nouveau Testament à ce sujet.

Spaeth n'est pas le seul chrétien à avoir embrassé le judaïsme à Amsterdam au XVIIᵉ siècle. On connaît au moins deux cas analogues. Amsterdam était devenue, depuis le XVIᵉ siècle, une sorte de ville refuge pour tous ceux qui étaient en lutte contre l'Église catholique. La Hollande avait basculé en grande partie du côté de la Réforme, qui, dans l'ensemble, était plus tolérante envers les juifs et surtout moins organisée que ne l'était l'Église catholique. Parmi les juifs, chassés d'Angle-

---

42. SCHOEPS, ouvrage cité, pp. 70-71.

terre, de France et d'Espagne, beaucoup se fixèrent donc à Anvers, alors la grande métropole commerciale de la région. Lorsque l'activité du port d'Amsterdam se développa par suite du commerce avec les Indes occidentales, Amsterdam détrôna Anvers ; beaucoup de juifs s'y établirent comme commerçants ou tailleurs de diamants. Amsterdam fut alors baptisée « la Jérusalem hollandaise »[43]. Rembrandt, qui peignit de nombreuses personnalités juives, témoigne de la place éminente qu'elles occupaient. La communauté juive était donc florissante et attirait ceux qui désiraient passer au judaïsme. Nous retrouverons le rôle d'Amsterdam comme centre d'attraction tout au long de cette étude.

Un certain Moses ben Abraham s'y convertit et y fut circoncis au XVIIᵉ siècle. Il en fut de même pour un prêtre rhénan, David Fara, connu sous le nom juif d'Abraham ben Jacob. Toutefois, certains affirment que ce dernier était un pasteur protestant et non un prêtre catholique. Il travailla comme graveur à Amsterdam, où il participa aussi à l'édition d'ouvrages religieux. Il établit une carte de la Palestine et un calendrier mixte judéo-chrétien valable cent trente ans. Il contribua en outre, en 1695, à une édition de la Haggadah[44] (récit de la Pâque).

A la même époque, en Allemagne, un certain Johannes Andreas Eisenmengerum, « fut découvert dans le judaïsme » *(in judaismo detecto),* nous apprend Christophorus Wolfius[45]. On ne sait rien d'autre de ce converti.

---

43. Abraham Léon SACHAR, *Histoire des juifs,* traduction française, Paris, 1973, p. 270. Cf. C. ROTH, *Histoire du peuple juif,* p. 358.

44. *Encyclopaedia Judaica,* sous « Prosélytes », p. 146, et *Jewish Encyclopedy,* sous « Abraham ben Jacob ».

45. Johannes Christophorus WOLFIUS, *Bibliotheca Hebraea,* III, 1715, Hambourg, p. 992.

Lope de Vera y Alarcon

Toujours au XVIIᵉ siècle, il y eut en Espagne deux célèbres convertis, Lope de Vera et Abraham Guer de Cordoue.

Lope de Vera est né en 1620 dans la province de la Manche, au centre de l'Espagne. Ses parents étaient des nobles de religion chrétienne. Il suivit les cours de l'université de Salamanque où il apprit « les arts », c'est-à-dire la littérature, la philosophie et la théologie. Il étudia aussi le grec et le latin, et même l'hébreu et le chaldéen, ce qui était rare à l'époque. Il travailla l'Ancien Testament, et on lui demanda de l'enseigner. Sa connaissance des langues sémitiques eut sur lui une grande influence. Il commença à étudier des livres hébraïques et à négliger la théologie chrétienne. La tradition juive lui apparut plus vraie que la tradition chrétienne. Son évolution est donc similaire à celle de Nicolas Antoine.

Il se mit à fréquenter les marranes, malgré le danger que cela représentait alors que l'Inquisition sévissait en Espagne. Il est d'ailleurs possible qu'il ait eu une nourrice marrane et que ce soit elle qui lui ait donné un premier enseignement sur le judaïsme ; c'est du moins ce qu'affirma cent ans plus tard un écrivain espagnol. Il se soumit à la loi mosaïque, si bien qu'il passa lui-même pour un marrane : il observait les lois alimentaires rituelles et récitait les psaumes en hébreu comme dans les synagogues. Il confia son évolution spirituelle à son frère qui le dénonça à l'Inquisition de Valladolid. Cette accusation parut d'abord invraisemblable, mais il finit par être arrêté sur l'ordre de la « Suprema » (la plus haute juridiction de l'Inquisition en Espagne) dans le courant de juin 1639. Si cette date est exacte, il n'aurait eu alors que dix-neuf ans.

Il défendit avec courage et même arrogance ses opinions devant les juges de l'Inquisition, si bien qu'il est considéré par les juifs comme un témoin héroïque de leur foi. Toutefois, il conservait aussi des pratiques chrétiennes : il se confessait, communiait et portait le Rosaire. Il semble donc qu'il ait pratiqué en fait une sorte de judéo-christianisme. Mais il annonça publiquement qu'il voulait être juif et qu'il partageait entièrement la foi juive. Il affirma avoir reçu à ce sujet une révélation directe de Dieu. En prison, il eut une attitude héroïque ; il se défendit contre toutes les pressions dont il fut l'objet. Il accusa son père, qui essayait de l'influencer, de vouloir le « convertir ». Il affirma publiquement qu'après avoir appartenu à l'Église catholique, il adhérait maintenant « à la Loi immuable donnée par le Dieu d'Israël ». Il déclara fausses toutes les formes de christianisme, catholicisme ou protestantisme.

En prison, il se circoncit lui-même et on le retrouva baignant dans son sang. Il proclama qu'il avait ainsi gagné le paradis et se nomma lui-même : *Juda el Creyente,* Juda le Croyant. Il ne répondit plus qu'à ce nom et ne signa plus autrement.

Plusieurs théologiens s'efforcèrent de le persuader de son erreur, mais il leur tint tête. Ces théologiens constatèrent alors que la connaissance de l'hébreu et de la tradition juive pouvait être un grave danger pour la foi chrétienne. Le prisonnier refusa d'être défendu par un avocat, car il souhaitait le martyre et il était prêt à mourir pour sa nouvelle foi ; il proclama que ses opposants ignoraient la véritable signification de la Bible et que les juifs seuls la connaissaient. On lui demanda d'exposer ses idées par écrit ; il refusa d'abord de le faire parce qu'il n'avait à sa disposition qu'une plume d'oie, alors que la loi de Moïse en défendait l'usage ; en conséquence on lui donna une plume de bronze. Il fit alors une sévère critique de la doctrine catholique et un vibrant éloge du monothéisme juif.

Son long emprisonnement et ses souffrances semblent avoir affecté son équilibre mental. Il pensait, par exemple, qu'il était investi de l'immortelle essence d'Adam, tandis que son père l'était de celle de Samuel et son frère de celle d'Aaron. Il croyait à la transmigration des âmes, ce qui n'est pas conforme au judaïsme : en réalité, Lope de Vera interprétait librement la Bible. Ses idées étaient quelque peu analogues à celles de Moses Germanus. Il est difficile de savoir si ce sont effectivement ses souffrances qui provoquèrent son déséquilibre, comme le pense Cecil Roth.

On essaya longtemps de le convaincre et de le ramener dans la voie du salut chrétien. Le tribunal devant lequel il fut déféré en appela à la « Suprema » ; on le fit alors fouetter : on sait que l'Inquisition tentait de convertir les gens par la force et les moyens les plus brutaux, bien que ces procédés soient en complète contradiction avec l'Évangile. Toutefois, Lope de Vera ne fut pas torturé.

En janvier 1643, le tribunal le livra au bras séculier pour une punition « sans effusion de sang », c'est-à-dire qu'on le condamnait au bûcher. La Suprema consultée de nouveau, confirma cette sentence. On tenta une nouvelle fois de le ramener au christianisme, mais il se contenta de garder le silence. Il y avait alors cinq ans qu'il était en prison ; les Inquisiteurs estimèrent qu'il était inutile de persévérer. Le 25 juillet 1644 eut lieu à Valladolid un autodafé : plusieurs accusés avaient été condamnés à mort sous la même accusation de judaïser. C'étaient probablement des marranes. Ils furent brûlés vifs. Lope de Vera fut le dernier d'entre eux. Il ne se défendit pas, mais proclama seulement : « Vive la Loi de Moïse ! » Sur le bûcher, il chantait des psaumes en hébreu et il mourut en disant :

« A toi, Seigneur, je remets mon âme » (Ps 30, 6).

Cette mort fit une grande impression sur ses contemporains. Deux jours après, l'inquisiteur Don Bartholomeo Marquez Mirezo écrivit une lettre au marquis de Monterey dans laquelle il se déclara horrifié de l'attitude de Lope de Vera, « un cas unique dans l'Église..., le plus grand hérétique juif... Jamais on n'a vu un tel mépris de la vie, ni une telle foi au salut » : cet inquisiteur ne pouvait se défendre d'une certaine admiration ! Cette mort fit aussi une grande impression sur les marranes.

Dans la bibliothèque du Talmud Thora à Livourne, on a retrouvé des vers échappés à l'autodafé : Lope de Vera y exhale son admiration pour le judaïsme. Ce qui reste de son œuvre est d'un grand intérêt littéraire[46]. Après sa mort, un fameux dramaturge espagnol, Antonio Enriquez Gomez, écrivit un long poème, *Le Chant du cygne,* à la mémoire du martyr. Ce poème parut à Amsterdam et fut répandu par la communauté juive de la ville. Le poète Jacob de Pina exalta lui aussi Lope de Vera. Spinoza, né à Amsterdam où il vécut longtemps, évoque dans une de ses lettres le martyre du converti[47].

Celui-ci est un exemple supplémentaire d'un chrétien découvrant l'Ancien Testament qu'il ignorait complètement auparavant. Déconcerté par la complexité des rapports entre l'ancienne et la nouvelle loi, et troublé par les affirmations, répétées dans l'Ancien Testament de la pérennité des commandements divins, Lope de Vera comme beaucoup d'autres, a été incapable de saisir l'un des mystères fondamentaux du christianisme.

Abraham Guer de Cordoue

Toujours en Espagne, Escudero Lorenzo, dit Abraham Guer de Cordoue, ou encore Abraham Israël Peregrino, naquit à Cordoue de parents catholiques. Il devint d'abord capucin. Mais il partit pour Amsterdam où il passa au judaïsme. Il est probable qu'il avait découvert l'Ancien Testament dans son couvent et que, séduit lui aussi par le judaïsme, il gagne Amsterdam afin d'y être intégré à la communauté juive. Son évolution spirituelle est très proche de celle de Lope de Vera. Il fut d'abord renommé à Amsterdam comme escrimeur et comme musicien. Il est probable qu'il se passe un certain temps entre sa sortie du couvent et son départ pour Amsterdam, car la qualité d'escrimeur n'est guère compatible avec celle de moine mendiant et il l'avait sans doute acquise après avoir quitté son couvent... On sait qu'après sa conversion, il eut une vie agitée et qu'il

---

46. C. ROTH, *Personalities...,* pp. 182-190, et *Le Chant du Cygne de Don Lope de Vera,* dans REJ vol. 97, 1934.
47. SPINOZA, Lettre 76.

fut constamment dans la misère. Il semble avoir été, à un moment donné, sans doute pressé par le besoin d'argent, espion de la Hollande. Il partit en Espagne en cette qualité, sous le nom de Juan Gilles. Il vécut ensuite à Londres de 1655 à 1659, puis alla au Portugal, on ne sait pourquoi exactement, peut-être toujours comme espion de la Hollande. Mais il fut dénoncé comme juif à l'Inquisition de Lisbonne, et condamné à mort.

Il justifia sa conversion dans *Fortaleza del judaismo y confisión del estraño,* édité probablement à Amsterdam vers 1680. Il en existe des traductions manuscrites en italien et en hébreu (sous le titre *Zeri'eh Bet El*). Il écrivit aussi une autobiographie spirituelle, conservée sous le titre *Copia da vida do bemaventirado Abraham Peregrino.* Le poète Daniel Levi de Barnios écrivit un sonnet en son honneur [48]. De Rossi cite ses écrits parmi les œuvres antichrétiennes [49]. Wolfius nous apprend qu'il était poète [50].

Les sectes judaïsantes

Il y eut donc, dans l'Europe occidentale des XVIe et XVIIe siècles, de nombreux cas de conversions de chrétiens au judaïsme. De plus, il y eut aussi de véritables sectes judaïsantes, assez peu connues.

Sans rapport avec la Réforme, une hérésie judaïsante fut fomentée à la fin du XVe siècle par un professeur juif de Kiev nommé Zachariah. Il fit du prosélytisme,

48. *Encyclopaedia Judaica,* et *Jewish Encyclopedy,* sous « Escudero ».

49. J.B. de ROSSI, *Bibliotheca antichristiana qua editi et inediti Judaeorum adversus Christianam Religionem Libri recensentur,* Parme, 1800, réédité dans la *Bibliotheca Rossiana,* vol. I, Amsterdam, 1964, p. 6.

50. WOLFIUS, ouvrage cité, t. III, p. 60. Cecil ROTH *(History of the Jews in England,* p. 179 ; *History of the Marranos,* p. 329) pense qu'il ne faut pas identifier Abraham Peregrino et Abraham Guer de Cordoue ; ses arguments ne sont pas décisifs. Cette divergence de vues montre surtout que l'on sait très peu de choses sur Abraham Guer de Cordoue.

même parmi les notables de l'Église russe. Deux prêtres orthodoxes, Denis et Alexis, devinrent de fervents adeptes de ce mouvement. La fille du grand-duc de Kiev, Hélène, fut, elle aussi, un disciple de Zachariah. Les chefs de l'Église russe finirent par s'alarmer sérieusement ; ils demandèrent l'intervention de la justice séculière et l'hérésie fut stoppée dans le sang[51]. Aussi, le rabbin Salomon Lurna s'éleva-t-il contre le prosélytisme qui risquait de devenir dangereux pour les juifs eux-mêmes[52]. Il est certain que la crainte de représailles est à l'origine de la défiance de certains rabbins envers le prosélytisme.

A la même époque, une secte similaire, les sabbatariens, exista en Transylvanie. Elle fut fondée sous l'influence très nette de la Réforme par un noble dénommé Andreas Eossi ; celui-ci, d'abord réformé, puis antitrinitarien, passa de la négation de la Trinité au rejet du Nouveau Testament, et par conséquent à un judaïsme de fait. Il observait le sabbat et les fêtes juives, et mangeait selon les rites mosaïques[53].

Andreas Eossi gagna à sa secte un homme d'État hongrois, Simon Péchi (1575-1642), qui était aussi poète et auteur de plusieurs œuvres littéraires. Péchi fit du prosélytisme jusqu'à la cour du prince Etienne Bethory qui l'appréciait. Le prince envoya Péchi en voyages diplomatiques en Roumanie, en Turquie, en Italie et même en Afrique. Sous le règne du prince Gabriel Bethlen, Péchi fut nommé chancelier de Transylvanie. Il fut emprisonné en 1621, sans que l'on sache exactement pourquoi, mais sans doute à cause de ses opinions religieuses ; cet emprisonnement n'eut pas de suite, et il fut relâché.

Durant le règne du prince Georges Racoszy, Péchi propageait ses vues en public ; on estime à vingt mille environ le nombre de ses adeptes en 1635[54]. Mais peu

---

51. Cecil ROTH, *Personalities...*, p. 149.
52. *Encyclopaedia Judaica*, article « Prosélytes », p. 1190.
53. *Op. cit.*, article « Somrei Sabbat », p. 139.
54. *Op. cit.*, article « Péchi Simon », p. 202. La secte semble avoir porté le nom de Székely, ou sabbatariens.

après, il y eut un renversement complet de la situation, probablement en raison même de l'importance prise par le mouvement : ses membres furent menacés de mort et de la confiscation de leurs biens s'ils ne revenaient pas au christianisme avant un an. Péchi demeura ferme dans ses opinions jusqu'en 1638, puis il se convertit au calvinisme. Cette évolution montre clairement que beaucoup de judaïsants étaient très proches des Réformés, et oscillaient entre judaïsme et christianisme.

Le passage au calvinisme ne contenta pas les autorités hongroises : Péchi eut ses biens confisqués et passa ses dernières années en prison ; mais la peine de mort ne lui fut pas appliquée. Il composa des poèmes de valeur ; d'autre part, sa connaissance de l'hébreu lui permit de traduire en hongrois, pour la première fois, des psaumes et des prières juives de grande importance [55].

A partir de la même année 1638, date du passage au calvinisme de Péchi, les membres de la secte furent persécutés ; beaucoup d'entre eux émigrèrent en Turquie où ils se convertirent véritablement au judaïsme. Ceux qui étaient restés en Transylvanie furent emprisonnés, et souvent condamnés à mort ; leurs biens furent confisqués. Ces persécutions diminuèrent l'importance de la secte, mais ses chefs laissèrent derrière eux une littérature spirituelle variée et très riche [56]. La secte survécut à la persécution : certains de ses membres subsistaient encore en 1971 en Transylvanie, en particulier dans le village de Bezidul Nou où ils étaient en majorité. Ils se fondirent ensuite dans le judaïsme [57].

---

55. *Op. cit.*, article « Péchi Simon », p. 202. Cet article donne la bibliographie suivante : A. SZILADY, *Péchi Simon Psalteriuma* (1913) ; S. KOHN, *A szombatosok* (1889) ; M. GUTTMANN et S. HARMAS, *Péchi Simon szombatos imadsagos könine* (1914). Il ne m'a pas été possible de consulter ces articles. Sous la rubrique « Somrei Sabbat », l'*Encyclopeadia Judaica* donne également une bibliographie en langue hongroise. Elle précise que les prières traduites appartenaient au rite sépharade, ce qui est assez étonnant pour une affaire se passant en Europe centrale...

56. *Op. cit.*, article « Somrei Sabbat », p. 140.

57. *Op. cit.*, article « Somrei Sabbat », p. 139. Cf. *infra*, p. 157.

Il semble que ce soit de cette secte que parle Basnage dans son *Histoire des juifs* :

> Outre les juifs qui s'élevaient en Allemagne contre la Réforme, on vit paraître en Transylvanie de nouveaux docteurs que l'on appela demi-juifs : mais c'était plutôt un outrage qu'un nom justement mérité. Voici le fait : Seidelius, un des chefs de cette secte, soutenait que le Messie ne regardait point les païens, mais uniquement les juifs auxquels il avait été promis, au même titre que la terre de Canaan, c'est-à-dire comme un privilège particulier dont ils devaient jouir seuls...

(Ici, Basnage évoque les sacrifices et cérémonies propres aux juifs)...

> Mais il (Seidelius) était persuadé que toute la religion consistait dans le Décalogue, lequel se trouve gravé naturellement dans le cœur de tous les Hommes. Cet homme fit d'inutiles efforts pour se faire des disciples dans la Silésie où il était né ; et voyant qu'il lui était impossible de rétirer *(sic)* ses compatriotes de l'idolâtrie dans laquelle ils croupissaient, il passa en Pologne où il fit quelques sectateurs [58].

L'idolâtrie régnait-elle encore en Europe centrale, ou bien Basnage use-t-il du même vocabulaire que Seidelius qui devait accuser les chrétiens d'idolâtrie parce qu'ils croyaient en la Trinité des personnes divines ? Il est difficile de saisir exactement la portée de ce passage. Mais il est possible que l'ignorance religieuse ait attiré les chrétiens vers le monothéisme juif alors qu'ils ne trouvaient pas ce monothéisme dans leur propre religion. Dans ce cas, l'attrait du judaïsme serait le même que celui exercé sur les païens avant la venue du Christ : ce serait la recherche du Dieu unique.

Le socinianisme

On peut encore considérer comme secte judaïsante le

---

58. BASNAGE, *Histoire des juifs,* t. XV, pp. 943-944.

socinianisme, secte antitrinitaire que nous avons évoquée à propos de Moses Germanus [59]. C'était une secte protestante fondée au XVIᵉ siècle en Italie par Lelio Socin (1525-1562) qui entraîna son neveu Fauste Socin. Il s'agit d'un rationalisme dépassant cependant le naturalisme. La Bible est considérée comme inspirée par Dieu, mais doit être interprétée selon la raison humaine. Le socinianisme considère Jésus comme un homme, mais admet sa naissance miraculeuse et sa résurrection. Les principaux dogmes chrétiens sont niés : la divinité du Christ, la Trinité, la Rédemption, la prescience divine des actes libres, le péché originel, la prédestination, l'enfer. Les sociniens ne furent d'ailleurs pas d'accord entre eux, et beaucoup rejetèrent ensuite la naissance miraculeuse du Christ et sa résurrection. Leur doctrine devint alors complètement rationaliste, et ils se confondirent au XVIIIᵉ siècle avec les « philosophes ».

La doctrine de Socin se caractérise par un manque certain de logique. En effet, il reconnaissait que la religion chrétienne a perfectionné la religion juive, mais il refusait d'admettre que la foi en Jésus-Christ ait rien apporté de nouveau [60]. L'Ancien Testament ne présenterait qu'un intérêt historique, mais il est cependant inspiré par Dieu, un Dieu qui ne serait pas trinitaire. Il y a dans le socinianisme un mélange d'humanisme, de protestantisme antiromain et de nominalisme rationaliste [61]. Mais le socinianisme se rapproche aussi du judaïsme dans la mesure où il nie explicitement la Trinité et la divinité de Jésus. Toutefois, si l'on en croit Basnage, Socin s'éleva contre des judaïsants comme lui-même. Basnage cite le cas de François David, qui fut accusé

(au temps de la Réformation)... d'être un demi-juif

---

59. Cf. *supra,* p. 113.

60. On peut remarquer que cette opinion existe actuellement dans certains cercles judéo-chrétiens dans lesquels l'originalité du Nouveau Testament est niée.

61. Cf. *Dictionnaire de Théologie catholique,* article « Socinianisme ».

parce qu'il enseignait que Jésus-Christ ne devait pas être invoqué...

Socin écrivit (contre David et d'autres judaïsants) et réfuta leurs objections. Plusieurs protestants ont fait la même chose depuis et se sont accoutumés à les regarder comme une branche du judaïsme..

Basnage ajoute qu'on les appelait demi-juifs pour les rendre plus odieux ; mais, d'après lui, cette dénomination est une injustice puisqu'il s'agit, en réalité, d'une « nouvelle religion »[62].

> C'est pour la même raison qu'on compte entre les juifs Georges de Novare, qui fut brûlé à Bologne parce qu'il niait que le Messie fût venu. Il est vrai qu'il avait puisé ce dogme dans le sein des juifs, avec lesquels il avait eu commerce. Mais fallait-il le brûler pendant qu'on tolère les partisans publics de cette opinion ; et pouvait-on dire que ce fut là un judaïsme ? Le Père Mersenne, ce Minime si fameux[63] par ses *Commentaires sur la Genèse,* parle d'un autre particulier qui fut brûlé à Paris, parce qu'il trouvait dans le Nouveau Testament des contradictions avec l'Ancien qui l'obligeaient à rejeter nos Évangiles. On en condamna d'autres en Angleterre qui voulaient observer le Sabbat et s'abstenir des viandes étouffées[64]. Ce sont là, je l'avoue, quelques semences de judaïsme, mais cela ne suffit pas. Afin de porter le nom d'une secte, il faut embrasser les erreurs fondamentales du parti et quelques erreurs particulières qui ont seulement quelque conformité ne suffisent pas pour donner le nom de certains hérétiques... François David n'était ni juif, ni demi-juif : il croyait qu'on ne pouvait adorer Jésus-Christ parce qu'il le regardait comme un simple homme et raisonnait plus juste que Socin. Seidelius établissait la religion naturelle plutôt que le judaïsme... (mais) on ne pouvait pourtant pas dire qu'il adoptât la religion des Circoncis[65].

L'analyse de Basnage est très juste : on accusait de

---

62. Basnage, ouvrage cité, t. XIII, p. 945.
63. Le Père Mersenne était un savant, ami de Descartes.
64. Nous étudierons plus loin les sectes judaïsantes en Angleterre.
65. Basnage, ouvrage cité, t. XIII, pp. 945-947.

judaïser certains individus ou mouvements qui se rapprochaient du judaïsme sur certains points seulement. Tel est le cas du socinianisme. Toutefois, c'est ce mouvement qui entraîna Moses Germanus vers le judaïsme intégral[66]. Il est difficile de déterminer où commencent et où s'arrêtent les tendances judaïsantes : au XVIIᵉ siècle en particulier, on trouve toute une gamme d'opinions qui se situent à la limite du christianisme et du judaïsme. On peut les considérer comme « judaïsantes » dans la mesure où elles mettent l'accent sur l'Ancien Testament en niant la divinité du Christ et la Trinité des personnes.

La Réforme, en autorisant la lecture libre de la Bible sans le contrôle de l'Église et de la Tradition, a favorisé le développement d'une tendance qui a toujours existé dans le christianisme.

Le mouvement traskite

Nous avons vu Basnage évoquer des judaïsants anglais. Il fait sans doute allusion à la secte des traskites.

John Traske est né dans le Somerset vers 1583. Il ne reçut pas de formation universitaire, mais fut cependant maître d'école. On sait qu'il fut emprisonné vers le début du XVIIᵉ siècle ; la cause de cet emprisonnement n'est pas connue. Il fut relâché peu après. Il approfondit alors ses connaissances religieuses et devint pasteur. En 1617, il vint à Londres. C'était un puritain austère et rigoureux, mais il passa de cet extrême puritanisme au judaïsme orthodoxe. Il est vrai que les deux croyances ont de nombreux points communs, en particulier leur extrême rigueur.

Traske commença par attirer à sa nouvelle foi un certain Hamlet Jackson, puis tous deux firent d'autres adhérents, dont Théophile Brabourne. Pour eux, le sabbat et le dimanche devaient être observés rigoureusement. On ne devait pas se déplacer, ni faire de lumière

---

66. Cf. *supra*, p. 113.

ou de cuisine. L'on ne devait pas non plus manger de viandes non saignées, ou d'aliments à base de sang. Les traskites observaient les fêtes juives, en particulier la Pâque, avec les azymes remplaçant le pain. Ils fêtaient aussi les néoménies.·

Traske fut poursuivi et condamné en juin 1618 ; il fut alors de nouveau emprisonné. Il y eut à son sujet un débat à la Chambre des Communes : les archives de celle-ci en font foi[67]. Apparemment Traske reconnu son hérésie et répudia ses opinions. Mais, en réalité, il semble avoir persisté dans sa croyance.

Sa femme, Brabourne, et deux autres disciples nommés Hepburn et Marie Chester furent emprisonnés, sans doute en même temps que lui ou peu après, puis relâchés. Traske mourut vers 1635-1640 : on ne sait rien de ses dernières années. Il laisse un *Traité pour la liberté du judaïsme... sur la dernière pierre d'achoppement, qui maintenant attaque avec bonheur la race des chrétiens* [68] *(Treatise of Libertie from Judaism... of late strumbling, now happely running again the Race of Christianities,* Londres, 1620).

L'ami de Traske, Hamlet Jackson, l'un des fondateurs de la secte, partit pour Amsterdam afin d'échapper aux poursuites. Il y fut connu sous le nom d'Abraham Guer the Englishman. Sa femme Sarah, probablement juive, et ses enfants sont enterrés avec lui au cimetière juif d'Amsterdam.

A la même époque, en 1623, un autre Anglais s'était converti au judaïsme à Amsterdam où il a laissé une trace sous le nom de « the English Jew ». On ne sait rien de plus sur lui.

---

67. *Commons Debates,* 1621, II, 96 ; III, 299 ; IV, 377-378 ; cité par Henry E.I. PHILLIPS ; *An Early Stuart Judaising Sect, The Jewish Historical Society of England Transactions,* vol. 19, 1960, p. 66.

68. C. ROTH, *The Middle Period of Anglo-Jewish History* (1290-1655) *Reconsidered,* dans *The Jewish Historical Society in England Transactions,* vol 19, 1960, p. 10.
Un disciple de Traske, William Gouge, se repentit et écrivit ensuite *Six Propositions on the Calling of the Jews* (1621), livre dirigé contre le judaïsme.

D'autres traskites émigrèrent aussi à Amsterdam : Christopher Sands, Hebden, William Hillyand, Thomas Whitaker, Whright et sa femme, James Whitehall. Ils se fondirent dans la communauté juive. On sait que James Whitehall avait été emprisonné en 1624 pour avoir prêché le judaïsme dans la Christ Church d'Oxford[69].

Même après l'avènement du puritanisme avec Cromwell (qui fut au pouvoir de 1649 à 1658), il y eut des chrétiens judaïsants en Angleterre[70]. On connaît le cas d'Anne Curtyn en 1649. La même année, Ebenezer et Johanna Cartwright présentèrent une pétition au Parlement pour plaider leur cause, mais ils durent eux aussi émigrer à Amsterdam[71].

S'il est vrai que la secte des traskites, fut, à ses débuts, chrétienne, elle conduisait un grand nombre de ses membres au judaïsme. Et, contrairement à d'autres cas, beaucoup d'entre eux entrèrent à Amsterdam dans la communauté juive et s'y intégrèrent complètement. Nous sommes donc en présence de véritables conversions.

La communauté d'Amsterdam était ouverte à ces convertis, et nous avons déjà pu remarquer à plusieurs reprises son influence dans ce domaine[72]. D'autre part, nous possédons ses archives, et nous trouvons donc la trace de ces conversions, ce qui est loin d'être toujours le cas. Mais certains convertis restèrent en Angleterre, comme Everard the Leveller (Everard le Pointeur) qui se déclarait lui-même juif[73]. Il en fut de même pour Robert Rich le Quaker[74].

Certains membres de la secte des traskites étaient de véritables illuminés, proclamant en particulier qu'ils étaient désignés pour conduire le peuple juif dans la

69. H.E.I. PHILLIPS, article cité, p. 63.
70. Cf. *supra,* p. 101.
71. C. ROTH, *Personalities...*, p. 164.
72. Cf. en particulier *supra,* p. 117.
73. C. ROTH, *History of the Jews in England*, p. 149. De même : H.E.I. PHILLIPS, article cité, p. 63.
74. ID. *ibid.*, p. 149.

Terre Promise. En 1650, un demi-fou fut proclamé en Angleterre roi d'Israël [75]. Cecil Roth, qui donne ce renseignement, n'en dit pas plus. A la même époque encore, et à Londres, un prêtre catholique, Don Joseph Carveras, peut-être marrane ou d'origine marrane, fut considéré comme juif. Il passa au service de l'ambassadeur d'Espagne en Angleterre, puis il partit à Lisbonne où il s'intégra à la communauté juive [76].

D'autres cas encore sont connus à Londres, sans que l'on sache exactement s'il s'agit de conversions individuelles ou de personnes sous l'influence de John Traske, ou même peut-être de marranes revenus à leur ancienne religion. Plusieurs ministres baptistes (Sellers, Jessey, Tillou, etc.), observaient le sabbat. Un certain John Smyth se sépara de son Église à cause de son attachement au texte hébreu de l'Ancien Testament [77].

En 1634, le voyageur Brereton rencontra, à Amsterdam, semble-t-il, un marchand de tabac anglais et sa femme, tous deux convertis au judaïsme. Un converti d'origine bourguignonne et fixé en Angleterre fit la première traduction anglaise de la liturgie juive. A la même époque encore, un miniaturiste anglais, Alexander Cooper, partit à Stockolm où il fut connu sous le nom d'Abraham.

Il est difficile de savoir si ces conversions ont eu pour cause la seule lecture libre de la Bible, ou si l'influence des juifs a joué. Ceux-ci avaient été expulsés d'Angleterre en 1290. Mais en 1650, Manassé ben Israël, l'un des dirigeants juifs d'Amsterdam, demanda à Cromwell de permettre le retour des juifs, ce qui ne fut accordé qu'en 1655, et encore à condition qu'ils ne célèbrent pas leur culte en public et ne fassent pas de prosélytisme. Mais depuis quelques années, certains s'étaient établis subrepticement en Angleterre, où ils eurent immédiatement une grande influence, en particulier par leur rôle économique [78]. Il semble que cette

---

75. C. ROTH, ouvrage cité, p. 149.
76. ID., *ibid.*, p. 149.
77. ID., *ibid.*, p. 281.
78. Abraham Léon SACHAR, *Histoire des juifs*, pp. 270-271.

influence ait joué aussi sur le plan religieux. En effet, une certaine nervosité au sujet de la conversion de chrétiens au judaïsme paraît avoir régné en Angleterre après 1655 [79]. Cette année-là même, un converti du nom de Samuel Swinok vivait à Londres. En 1699, une prosélyte nommée Deborah Israël s'y fixa pendant quelques années ; il semble qu'elle ait laissé tous ses biens à la communauté juive.

On sait très peu de choses sur ce qui se passait en Amérique à cette époque en ce qui concerne les juifs. Mais il est certain qu'au XVIᵉ siècle un juif américain convertit ses esclaves au judaïsme, probablement de force. Nombre de Noirs de religion juive descendent de ces prosélytes [80].

La réforme avait remis en honneur l'étude de l'Écriture Sainte, et donc celle de l'Ancien Testament. Les grandes confessions réformées surent conserver la hiérarchie établie par les Pères de l'Église entre les deux Testaments : l'Ancien était comme le prologue du Nouveau, mais il devait être lu à la lumière du Nouveau. Ni Luther, ni Calvin, ni les Anglicans ne se séparent sur ce point de la pensée de saint Augustin. Mais il n'en fut pas toujours ainsi. La liberté de jugement favorisée par la Réforme incita certaines sectes ou certains individus à privilégier l'Ancien Testament au détriment du Nouveau ; c'est ainsi que la Réforme favorisa le développement de thèses judaïsantes. En outre, le développement d'un certain esprit de tolérance permit l'éclosion d'une sympathie pour le judaïsme qui alla parfois jusqu'à la conversion totale de quelques chrétiens. Il est difficile de déterminer dans quelle mesure cette tendance est due véritablement à la Réforme, et dans quelle mesure elle apparaît plus importante seulement parce que cette époque est mieux connue que les précédentes. En effet, ces conversions ont laissé des tra-

---

79. C. Roth, *Personalities...*, p. 161.
80. *Encyclopaedia Judaica,* article « Prosélytes », p. 1191.

ces, à la fois dans les documents politiques et dans les archives religieuses des communautés juives et protestantes. A partir du XVIIᵉ siècle, les documents sont en général conservés, ce qui n'était pas le cas pour les époques antérieures.

CHAPITRE V

LE SIÈCLE DES LUMIÈRES
LORD GEORGE GORDON

L'évolution des esprits au XVIIIᵉ siècle paraît avoir influencé en Europe occidentale le phénomène de conversion que nous examinons. En effet, à cette époque, nous y connaissons peu d'exemples de convertis, à part certains cas en Angleterre, dont l'un aussi célèbre que particulier. Sous l'influence des « philosophes », les esprits se détachent de la religion et adhèrent souvent à un déisme plus ou moins vague. Le christianisme en souffrira, mais, en même temps, le judaïsme perd de son attrait.

Ce phénomène n'a pas joué en Europe centrale et occidentale. L'évolution des esprits n'est pas la même. Les juifs y étaient nombreux ; on pense qu'au milieu du XVIIIᵉ siècle il y avait environ un million et demi de juifs en Europe orientale, dont le plus grand nombre en Pologne[1]. Ce pays tolère les juifs qui s'y sont installés ; mais, au cours de ce XVIIIᵉ siècle, l'antisémitisme progressera, en particulier après le partage de la Pologne : Catherine II a pris en Russie, où ils sont cependant peu nombreux, de nombreuses mesures contre les juifs, et elle les appliquera ensuite en Pologne, malgré ses idées souvent libérales par ailleurs.

Bien que les juifs aient été peu nombreux en Russie, ils devaient y exercer une certaine influence puisqu'en 1776 deux chrétiennes furent condamnées à mort à Dubno en Ukraine pour être devenues juives[2]. Une

---

1. Abraham Léon SACHAR, *Histoire des Juifs,* Paris, 1973, p. 360.
2. *Encyclopaedia Judaica,* article « Prosélytes », p. 1191.

vingtaine d'années plus tard, un officier de la marine russe, Alexander Artemyevich Voznitstzyn, entra en contact avec un juif du nom de Baruch Leibov, collecteur d'impôts, qui était en relations étroites avec la cour impériale. Le fils de celui-ci initia Voznitzyn au judaïsme ; ils furent tous deux arrêtés, conduits à Saint-Pétersbourg, condamnés à la torture, puis brûlés publiquement sur le bûcher le 15 juillet 1738. Cette conversion d'un officier russe provoqua un scandale retentissant[3].

Il semble que la conversion de Voznitzyn ait été considérée comme une atteinte à la sûreté de l'État : plus encore que dans les empires de Constantin ou de Charlemagne, les pouvoirs temporel et spirituel étaient étroitement unis. Quelqu'un qui n'appartenait pas à la religion orthodoxe ne pouvait pas non plus être considéré comme un défenseur de la « Sainte Russie ». Aussi, le scandale fut-il d'autant plus grand qu'il s'agissait d'un officier. Il semble que ce soit la pression de la tsarine Anna elle-même qui conduisit les deux condamnés au bûcher, contre l'opinion du ministre de la justice[4].

A la même époque, un cas analogue, encore plus connu, eut lieu en Pologne. Le comte Valentin Potocki, rejeton d'une célèbre famille de Pologne, alla faire ses études à Paris où il se lia d'amitié avec un autre jeune aristocrate polonais du nom de Zaremba. Ils auraient rencontré dans une taverne un vieux juif, et ils auraient fait le vœu de devenir juifs s'il arrivait à les convaincre que le christianisme était une religion erronée. Zaremba oublia d'abord son vœu ; il rentra en Pologne où il se maria avec une chrétienne. Quant à Potocki, il commença par étudier à l'Académie pontificale de Rome ; il n'y fut guère convaincu de la vérité du christianisme puisqu'il gagna bientôt Amsterdam où il fut intégré à la communauté juive. De nouveau donc, nous retrouvons Amsterdam, qui n'a pas cessé d'être le centre des

---

3. *Encyclopaedia Judaica,* article « Voznitizyn », p. 230. Cet article donne comme sources : *Perezhitoye,* vol. II-V, Dubnow Divrei, 7 (1958), 147-148. Cecil ROTH, *Personalities...,* pp. 156-159.

4. *Encyclopaedia Judaica,* sous « Voznitizyn ».

conversions au judaïsme. Potocki était resté en relations avec Zaremba ; celui-ci rejoignit son ami à Amsterdam, où il devint juif lui aussi comme il en avait fait le vœu ; puis il partit en Palestine.

Potocki rentra en Pologne où il vécut parmi les juifs sous le nom d'Abraham, fils d'Abraham notre père. La légende rapporte qu'il fut dénoncé aux autorités par un propriétaire irascible dont le fils avait été influencé par Potocki. Celui-ci fut arrêté, et on l'incita à se repentir. Mais les supplications de sa mère elle-même ne parvinrent pas à l'ébranler. Il fut brûlé à Vilna pendant l'été de 1749. On dit qu'une lettre du roi arriva trop tard pour le sauver.

Sa mémoire est encore vénérée aujourd'hui par les juifs de Pologne. Sur sa tombe, on grava : *Guer Tsedek,* ou « le vrai prosélyte ». Cette tombe fut détruite par des vandales. Il est possible que cette profanation ait été l'œuvre de chrétiens scandalisés par sa conversion, et dont le zèle mal éclairé alla jusqu'à l'intolérance au-delà de la mort...

L'histoire de Potocki sert de thème au drame yiddisch *Le Prince,* et suscita toute une littérature hébraïque et yiddisch. Son compagnon Zaremba vécut et mourut parmi la communauté juive de Jérusalem [5].

Au milieu du XVIIIᵉ siècle, à Novy By Dzov, en Bohème, exista une secte judaïsante connue sous le nom d'abrahamites. Il est possible qu'elle s'identifie avec les descendants des sabbatariens qui avaient été fondés par Andreas Eossi en Bohème, mais il est possible aussi que ces deux sectes soient totalement indépendantes. En tout cas, leurs idées étaient communes : les abrahamites révéraient l'Ancien Testament, rejetaient la foi en la Trinité, s'abstenaient de viande de porc, se reposaient le samedi. Certains de ses membres pratiquaient même la circoncision.

En 1747, une commission d'enquête fut nommée à leur sujet. Leur chef, un tailleur du nom de Jan Pita, fut exécuté. Il fut accusé d'avoir eu des contacts avec

---

5. Cecil ROTH, *Personalities...,* p. 159 et *Encyclopaedia,* sous « Potocki ».

des juifs ; l'un de ceux-ci, le rabbin Mendel, fut lui aussi condamné à mort en 1750 ; les autres juifs accusés d'avoir influencé les chrétiens se convertirent à l'Église catholique sous la menace des plus graves sanctions.

Quant aux abrahamites, leur existence continua dans la clandestinité ; ils refusèrent de se déclarer ou juifs ou chrétiens : ils restaient entre les deux religions ; ils furent déportés aux frontières de la Hongrie, puis la secte se désintégra[6].

On peut se demander si cette influence juive en Pologne au milieu du XVIIIe siècle n'est pas due au développement du mouvement hassidique : celui-ci, précisément à cette époque, renouvela le judaïsme polonais qui fut traversé par un courant mystique et poétique. Il est possible que l'influence de ce mouvement mystique ait dépassé les cadres du judaïsme lui-même. Cela expliquerait, en tout cas, la localisation des conversions en Europe centrale et orientale.

A cette époque, au contraire, les chrétiens d'Europe occidentale étaient fort peu portés aux spéculations religieuses. L'influence de Rousseau et de Voltaire se faisait sentir. Toutefois, le phénomène marrane continuait d'avoir des conséquences. En particulier, à Bayonne, un marrane redevint juif, puis revint au catholicisme. A l'inverse, un juif passa librement au catholicisme, puis réintégra le judaïsme : il semble que, pour certains, la frontière entre les deux religions ait été tellement vague qu'ils passaient aisément de l'une à l'autre. D'autre part, des circonstances extérieures ont certainement joué dans ces cas de conversions, mais elles ne sont pas connues[7].

On sait par exemple que, vers la fin du XVIIIe siècle,

---

6. *Encyclopaedia Judaica,* sous « Abrahamites », p. 159. Cet article donne comme source : *Dr Bloch's Wochenschrift* (1903) 476-477 et 509-511.

7. *Note sur les Juifs de Bayonne au XVIIIe siècle,* dans REJ, t. 125, fascicule 4, oct.-déc., 1966, p. 359.

une famille entière, le père, le grand-père et l'oncle, se convertit au judaïsme à Amsterdam. Le grand-père y mourut peu après, et la famille émigra en Palestine, à Safed. Ils y trouvèrent d'autres prosélytes [8].

Un peu plus tard eut lieu à Amsterdam aussi un autre cas de conversion, bien connu celui-là. Il s'agit d'Aaron Moses Isaac Graanboom (1736-1807). Il était né à Linköping, en Suède, et devait donc être protestant. La plupart des convertis depuis la Réforme étaient d'origine protestante ou étaient passés par le protestantisme. Cela tient probablement à la lecture libre de la Bible : leur interprétation rejoignait celle du judaïsme. Au contraire, chez les catholiques, depuis la Contre-Réforme, l'autorisation de lire la Bible annotée permettait une meilleure connaissance de l'interprétation chrétienne de l'Ancien Testament, et on ne s'étonnait plus de retrouver chez les juifs cette partie de l'Écriture.

Graanboom étudia la tradition juive avec un zèle tout particulier, et devint même l'un des juges de la communauté d'Amsterdam *(dayyan)*. Il publia un livre en hébreu, *Zera Yitzok,* recueil de morale et d'homélies qui eut un certain succès. Il fut rabbin d'une des synagogues d'Amsterdam, et son fils, Isaac Graanboom, lui succéda [9].

Dans le premier quart du XVIIIe siècle, une communauté de baptistes allemands, dont les descendants se trouvent encore à Schafferstown (Pennsylvanie), se mirent à judaïser. Le phénomène dura de 1720 à 1745 environ [10]. Ils ne se convertirent pas explicitement, mais pratiquèrent les observances juives. Il semble d'ailleurs y avoir eu à cette époque une réticence des communautés juives concernant le prosélytisme. On s'apercevait que celui-ci provoquait des réactions défavorables allant en sens contraire du courant de tolérance qui commençait à s'établir, en particulier en France. (La Révolution française intégra les juifs dans la communauté nationale.) En 1751, les dirigeants des synagogues espagnoles

---

8. C. ROTH, *Personalities...,* p. 164.
9. ID., *ibid.,* p. 165.
10. *Encyclopaedia Judaica,* article « Prosélytes », p. 1191.

et portugaises (Sepharades) adressèrent une lettre aux Ashkenazes (juifs originaire d'Europe centrale), pour attirer leur attention sur le danger de convertir des chrétiens. On prit même des mesures contre les juifs qui favorisaient l'entrée des chrétiens dans la synagogue[10 bis]. Ainsi, à Londres, en 1783, un juif qui avait circoncis un chrétien fut exclu de la synagogue. Mais des prosélytes continuèrent d'entrer dans les communautés anglaises, le plus souvent à la suite d'un mariage, mais parfois aussi par conviction personnelle. On en trouve de nombreuses traces dans les registres des synagogues, tant à Londres qu'en province. Ainsi une famille entière de Coventry passa-t-elle au judaïsme au milieu du XVIIIᵉ siècle pour aller vivre à Londres.

Entre 1699 et le commencement du règne de la reine Victoria (1837), trente et un convertis, dont vingt-sept femmes, se marièrent dans la synagogue sepharade de Londres[11]. Mais il est très probable que seul le mariage était précisément à l'origine de ces passages au judaïsme et non pas la conviction personnelle. Il n'est pas certain qu'il y ait eu à Londres plus de conversions qu'ailleurs, mais, comme à Amsterdam, les archives des synagogues y ont été conservées et dépouillées, ce qui est loin d'être le cas partout.

Surtout Londres fut, au XVIIIᵉ siècle, le théâtre d'une conversion retentissante.

Lord George Gordon

Avec le cas de Lord Gordon, nous abordons la conversion sans doute la plus connue et la plus fameuse, par suite de la personnalité de l'intéressé.

George Gordon était le petit-fils du roi George II d'Angleterre. Il fut élevé en Écosse dans un protestantisme rigide et dans un grand esprit d'intolérance envers

---

10 *bis.* Cf. J. Rosenbloom, *Conversion to Judaism,* p. 75. Ces conversions étaient en opposition avec les termes de l'acte de réadmission des Juifs.

11. C. Roth, *Personalities...,* pp. 161-163.

l'Église catholique. Il fut d'abord enseigne dans l'armée, puis dans la marine. C'était un esprit naturellement tourné vers la liberté et qui était heurté par toutes les formes d'oppression. A la Jamaïque, il prit la défense des Noirs en face du gouverneur de l'île. En 1772, il fut nommé lieutenant. Il commença alors à faire de la politique, et il entra au Parlement en 1774. Il entendait y défendre la vérité et la justice. Il combattait avec vigueur tout membre du gouvernement qu'il soupçonnait d'iniquité ou de mensonge, mais il se tenait en dehors des partis. Ceux-ci s'opposaient alors violemment en Angleterre, en particulier au sujet de la guerre d'Amérique (1775-1783). En dépit de son désir de justice, Gordon prit position contre l'insurrection des colonies anglaises.

En 1779, il devint président de l'United Protestant League, dont le but était avant tout de combattre l'influence des catholiques et leur participation à la vie politique anglaise. La lutte contre les catholiques était menée aussi par un juif du nom de Nathan Henry, mais il ne semble pas que Gordon ait eu de contact avec lui. En 1780, il présenta au Parlement une pétition contre une mesure en préparation : elle devait favoriser les catholiques et diminuer l'ostracisme dont ils étaient l'objet. Le tempérament exalté de Gordon l'incita à prendre part aux violentes émeutes qui eurent lieu à ce sujet. Il fut alors arrêté pour haute trahison, mais il fut acquitté, sans doute par suite de son rang dans la société et de sa parenté avec la famille royale[12].

> Gordon avait l'air d'un puritain, il avait une grande et maigre figure, le cheveu raide, et des habits civils. Il était naturellement doux et jamais satirique[13].

Burke, célèbre orateur et homme politique du temps en Angleterre, le décrit comme une sorte de Don Quichotte ; Horace Walpole le nomme « the Lunatic Apostle » (l'Apôtre fou) et parle de sa « morale de per-

---

12. C. ROTH, ouvrage cité, p. 160.
13. William VINCENT, *Lord George Gordon, Dublin Review*, vol. XX, janvier-avril 1873, p. 391.

dition ». Un autre écrivain anglais, Hannah More, le qualifie de « grand débauché »[14].

Les esprits étaient alors très excités en Angleterre, à la fois à cause de l'établissement de certaines taxes et de l'insurrection des colonies d'Amérique. Il est possible que les jugements de ses contemporains sur Gordon aient été influencés par sa position sur ces problèmes, les uns le condamnant et les autres l'approuvant.

En 1782, il visita Paris : il fut reçu par Marie-Antoinette et fut introduit dans les cercles à la mode. Il revint très impressionné par l'état de la France, qu'il jugea « mauvais et vicié », et se mit à combattre violemment l'influence des juifs qu'il accusait d'être à l'origine des fléaux qui régnaient alors sur la France et d'autres pays. Il est assez étonnant qu'on ait pu le qualifier de « doux », alors qu'au contraire toute sa vie et ses écrits reflètent l'excitation.

Voyant dans les juifs et les catholiques la cause des difficultés de l'époque, il complota avec l'ambassadeur de Hollande, protestant, contre l'empereur d'Autriche, catholique, et offrit ses services à la Hollande contre tous les ennemis catholiques qui leur étaient communs.

Mais en août 1785, son attitude envers les juifs devait se modifier, on ne sait pas exactement pourquoi. Il prit leur défense, et écrivit alors à l'empereur Joseph pour s'en justifier. Simultanément, il envoie des mémoires à tous les gouvernements protestants pour les mettre en garde contre l'influence du catholicisme : si son attitude vis-à-vis des juifs avait changé, il conservait toute son animosité contre les catholiques, et celle-ci se traduisait en termes politiques. Il y avait chez Gordon un singulier mélange de politique et de religiosité. Ses outrances provoquèrent son excommunication de l'Église anglicane de Cantorbéry en mai 1786. Il est probable qu'il avait reçu auparavant bon nombre d'avertissements dont il dut ne tenir aucun compte. Il semble alors de plus en plus excité, il est attiré par tout ce qui est étrange. En particulier, il entre en relation avec le

---

14. Israël SOLOMONS, *Lord Gordon's Conversion to Judaism*, Londres, 5674, (soit 1913-1914 de l'ère chrétienne), pp. 3-9.

célèbre Joseph Balsamo, plus connu sous le nom de Cagliostro, médecin pratiquant les sciences occultes, mais surtout charlatan et habile imposteur.

En 1787, il fut de nouveau cité en justice, cette fois pour un pamphlet intitulé *La Pétition des prisonniers au Très Honorable Lord George Gordon pour préserver leur vie et leur liberté et prévenir leur bannissement à Bohany Bay* (le Cayenne britannique). C'était un libelle contre les juges et l'administration de la justice anglaise. Gordon était un contestataire avant la lettre... Il fut déclaré coupable, mais s'enfuit en Hollande sans attendre sa condamnation. Il savait qu'il y retrouverait de nombreux juifs : depuis quelques années, il était attiré par eux et avait commencé d'étudier très sérieusement le judaïsme, avec le concours de juifs de Londres [15].

Toutefois, d'après des sources juives, il semble que les autorités juives de Londres aient refusé de l'admettre dans leur communauté, sans doute par crainte du scandale, et c'est ce qui aurait motivé son départ pour Amsterdam. En effet, il est attesté que le rabbin de Londres, Tevele, refusa de le recevoir comme prosélyte. Il est possible que ce soit en vertu des termes de l'acte de réadmission des juifs en Angleterre sous Cromwell. Nous avons vu [16] que ce texte posait comme condition l'interdiction du prosélytisme. Les rabbins d'Angleterre se plièrent en général à cette mesure, et c'est pourquoi beaucoup de convertis anglais se sont exilés. Toutefois, il est possible aussi que Tevele ait refusé cette conversion pour des motifs religieux, puisque tous les rabbins n'admettaient pas le prosélytisme. Enfin, il semble que dans le cas de Gordon la personnalité même de celui-ci ait joué. D'une part son caractère, certainement peu équilibré. D'autre part et surtout, sa naissance, sa noblesse, son rôle au Parlement accentuaient le caractère scandaleux de sa conversion pour les chrétiens, et augmentaient sans aucun doute le risque de représailles

---

15. I. SOLOMONS, ouvrage cité, pp. 10-18.
16. Cf. *supra,* p. 132.

pour la communauté juive qui l'accueillerait. Toutes ces raisons ont dû jouer à la fois[17].

Robert Watson, qui rédigea une *Vie de Gordon,* pense que sa conversion a été due à son désappointement de ne pas trouver parmi les chrétiens d'aide contre les persécutions de toutes sortes. Peut-être espérait-il trouver auprès des juifs un appui financier. Watson émet l'idée que Gordon attendait sans doute le retour des juifs en Terre Sainte, événement auquel il croyait. Il espérait peut-être en profiter pour satisfaire des ambitions politiques. Constatant son échec parmi les chrétiens, il aurait espéré mieux réussir auprès des juifs. Aucune de ces hypothèses n'est certaine.

Quoi qu'il en soit, Gordon partit donc pour Amsterdam, bien connue dans les milieux anglais pour accueillir les prosélytes. Il fut reçu dans le judaïsme où il prit le nom d'Israel ben Abraham[18]. Mais sa conversion fit un tel scandale dans les milieux chrétiens de la ville que le bourgmestre lui demanda de quitter les lieux. Il y vivait chez un certain Moïse op den Berg, qui était probablement juif. C'est tout ce que l'on connaît de sa vie à Amsterdam. Il semble n'y être resté que quelques mois et être rentré en Angleterre à la fin de cette même année 1787. Il se retira alors à Birmingham où il vécut comme un quelconque juif, sans aucune activité politique. Il mourut en 1793, et il fut enterré dans le cimetière chrétien de Saint James sans que l'on tienne compte de sa conversion au judaïsme[19], sans doute par crainte d'un scandale risquant d'éclabousser la famille royale.

La copie d'une lettre de Gordon, datée du 26 août 1783, a été conservée. Elle avait été rédigée en deux exemplaires, dont l'un avait été envoyé à Elias Lindo (chef de la communauté de Bevis en Espagne) et aux juifs d'Espagne et du Portugal, et l'autre, destiné aux juifs d'Allemagne et de Hollande, était adressé à

---

17. I. SOLOMONS, article cité, p. 23.

18. *Encyclopaedia Judaica,* article « Gordon » (Lord George), p. 795.

19. C. ROTH, *Personalities...,* p. 160.

Nathan Salomon, chef d'une « nouvelle synagogue » en Allemagne[20]. (Elias Lindo devait être l'ancêtre du ministre anglais Disraeli.) Cette lettre nous permet de connaître exactement la pensée et le style de Gordon[21]. Elle donne avant tout une grande impression d'incohérence :

> Messieurs,
> Les yeux d'Israël sont sur vous. L'Amérique est dans la confusion. Aucun homme sage ne l'admire. Il n'y a pas de perspective de paix. La paix a été ratifiée. Le traité définitif a été ratifié. Les Articles Préliminaires ont été ratifiés. L'ensemble de la négociation a été ratifié. Les règlements commerciaux ont été ratifiés. Écoute Israël ! *(Schemah Israel)*. Toute l'Europe est dans la confusion. Et cette confusion est due, dans la Providence de Dieu, aux négociateurs ratifiés *(sic)*. Particulièrement à la conduite inconsidérée de Richard Oswald, John Adams, Benjamin Franklin, John Jay, et Henri Laurens en accord avec les Articles Provisionnels pour la paix avec l'Angleterre, accords qu'ils ont signés et scellés à Paris le 30 novembre dernier. Écoutez tous ! *(Schemah Koli)*

Suit une nouvelle attaque contre le traité de paix. Puis :

> Crois-moi Israël ! Je suis votre ami.

Ensuite, des conseils pour désobéir aux « serviteurs du roi » :

> Ne supportez pas les sectes superstitieuses. Ne donnez pas le pain des enfants aux chiens et ne jetez pas votre or et vos perles au porc[22] de peur qu'il ne détruise et consume votre héritage, se retourne et vous déchire. Le fils prodigue était réduit à manger du porc[23] et emplis-

---

20. I. SOLOMONS, article cité, note 1, p. 16.

21. Cette lettre est reproduite intégralement dans l'article d'I. SOLOMONS, *Lord George Gordon's Conversion*, pp. 16-18. Nous traduisons d'après ce texte.

22. Citation libre de Mt 7,6.

23. L'interprétation de Gordon est plus que libre : il n'est pas question de cela dans la parabole de l'enfant prodigue. Gordon semble n'avoir eu aucune connaissance vraie de l'Écriture.

sait son estomac de gousses. Les tribus d'Israël seront bientôt conduites hors de cet agréable pays, comme de la balle dans le vent, s'ils se mettent eux-mêmes contre Dieu et son peuple, pour servir les idolâtres. Ce n'est pas le temps de la perdition. Les protestants, en Europe comme en Amérique, insistent avec vigueur sur le salut qui est fait par vous, ce que nient les jésuites... Vous trouverez le repos de vos âmes. Savez-vous ce que Dieu dit à leur sujet ? Je connais leur blasphème quand ils disent qu'ils sont juifs, mais ils ne le sont pas, et ils sont la synagogue de Satan[24]. Ne donnez pas votre appui aux synagogues de Satan.

Puis viennent des considérations sur l'état de l'Europe, avec une nouvelle attaque contre les jésuites. Ensuite, une dissertation sur les États-Unis d'Amérique, qui venaient de proclamer leur indépendance. Et c'est précisément ce qui déchaîne la fureur de Gordon. Il qualifie le Congrès américain de « papiste » *(popish),* mêlant sa haine contre les catholiques et contre ceux qui avaient secoué la domination anglaise. Il invite les États européens à refuser la ratification de l'indépendance des États-Unis :

« Ratification, Abomination »
(Les mots sont identiques en anglais et en français).
Les sages ont l'habitude d'assurer leur sécurité. Ils n'ont ni repos, ni demeure dans une maison construite sans mains, dans les cœurs du vrai Israël *(sic).* Le présent Congrès semble prédestiné à courir violemment à sa perte.

Gordon pense que la Russie et les princes allemands combattront ce qui est, pour lui, la paix :

Il n'y a pas de repos pour le méchant. Le sceptre de leur gouvernement n'est pas le *Shebet* de justice. Jehovah-Jireh ! *(sic).* J'ai l'honneur d'être, Messieurs, votre très obéissant et humble serviteur.
                                                   Signé : G. GORDON[25]

---

24. Encore une citation du Nouveau Testament (Ap 2,9). Cette fois, Gordon inverse complètement le sens de la citation que saint Jean applique aux juifs.
25. I. SOLOMONS, article cité, p. 18.

Cette étrange lettre dénote un manque d'équilibre évident, un étonnant mélange de considérations politiques et religieuses. Les citations erronées de l'Évangile voisinent avec des termes hébraïques qui dénotent une connaissance très superficielle de l'hébreu. Dans une lettre écrite deux ans plus tard à l'empereur Joseph d'Autriche, Gordon écrit à peu près de même [26].

Il rédigea aussi une grande variété de « papiers » sur la finance, et les distribua aux juifs d'Angleterre et de Hollande. Il y disait que les grands financiers juifs pouvaient rendre la guerre impossible en refusant du crédit aux États belliqueux. Ils disposaient du même pouvoir pour lutter contre l'antisémitisme. Bien entendu, ce mot n'existe pas (il apparaîtra un siècle plus tard environ), mais le sens y est.

Gordon a fait figure de libéral, mais ses idées sur l'indépendance des États-Unis ou sur l'état de la France à la veille de la Révolution étaient rien moins que libérales... Dans tous les domaines, il est excessif, souvent en sens opposé, sans aucune logique. Il était en principe contre les injustices, s'élevait contre les impôts et taxes qui accablaient le peuple anglais, protestait contre les conditions d'incarcération ou de banissement des prisonniers, fulminait contre les riches et les puissants qui accablaient les faibles, mais, simultanément, il protestait avec violence contre l'indépendance des anciennes colonies anglaises et les idées révolutionnaires qui se développaient en France...

La personnalité étrange de Gordon, mais surtout sa générosité incontestable et ses vues avancées sur certains points de politique ou de morale sociale séduisirent Charles Dickens qui l'évoqua dans un de ses romans *Barnaby Rudge*. Il le montre d'abord à la Chambre des Communes, porteur de la cocarde bleue qui était le signe de ralliement des rebelles en 1780 : les Anglais s'insurgeaient contre l'établissement d'une nouvelle taxe dite droit de timbre, et contre la politique du gouvernement conservateur de Lord North [27]. Dickens précise que

---

26. I. SOLOMONS, ouvrage cité, p. 16.
27. Cf. *The Oxford History of England*, t. XII, *The reign of George III — 1760-1815*, par J.S. WATSON, Oxford, 1960, p. 235.

Lord Gordon fut jugé à Westminster en 1781 pour crime de haute trahison et emprisonné à Newgate.

> Il y eut bien des gens qui ont fait dans le monde une plus brillante figure et qui ont laissé une renommée plus éclatante, sans avoir témoigné autant de sympathie pour les malheureux et les nécessiteux... Les prisonniers déplorèrent sa perte et l'accompagnèrent de leurs regrets... Il y a dans les hauts parages de la société bien des esprits supérieurs qui pourraient apprendre à cet égard quelque chose, même de ce pauvre cerveau fêlé de lord qui est mort à Newgate [28].

Dickens ajoute que Lord Gordon reçut les soins dévoués d'une jeune fille juive d'une grande beauté et de grande vertu. Mais il n'évoque pas la conversion au judaïsme du personnage. Peut-être ne la connaissait-il pas, ou bien n'a-t-il pas voulu ternir l'image chevaleresque qu'il en donna, tout en reconnaissant son déséquilibre psychologique ? Il est possible qu'il ait quelque peu brodé, par exemple en faisant mourir Gordon dans la prison de Newgate alors que celui-ci vécut plusieurs années dans la communauté juive de Birmingham après la libération. Nous ne pouvons déterminer si Dickens a trahi la vérité par ignorance ou en vertu du droit du romancier à infléchir l'histoire... En tout cas, il manque un trait essentiel au portrait qu'il a tracé de Lord George Gordon.

A la même époque, il y eut aussi à Birmingham un « rabbi Jacob » appelé, bien entendu, « fils d'Abraham notre père », et qui était un prosélyte. On ne sait rien de plus sur lui [29].

Les convertis du XVIIIᵉ siècle sont donc, d'après ceux que nous connaissons, des hommes cultivés, souvent d'origine aristocratique. Il est probable que l'influence des philosophes français avait détaché ces esprits de la religion chrétienne et les avait ainsi rendus plus vulnéra-

---

28. Charles DICKENS, *Barnaby Rudge,* traduction Lorain, Paris, 1858, t. II, pp. 289 et 378-379.
29. I. SOLOMONS, article cité, p. 24.

bles à toutes les influences extérieures. Mais on ne peut guère tirer de règle générale, et le cas de Lord Gordon est tout à fait particulier : il s'agit d'un esprit qui semble s'être opposé par principe aux idées de son milieu et de son époque, un contestataire deux siècles avant 1968.

CHAPITRE VI

AU XIXᵉ ET AU XXᵉ SIÈCLE
AIMÉ PALLIÈRE

Nous avons vu que, depuis la Réforme, la plupart des convertis sont d'origine protestante. Cette remarque va se confirmer : le phénomène est dû, en particulier, nous l'avons dit, à la lecture « libre » de la Bible faite par les protestants, tandis que, depuis la Contre-Réforme, les catholiques se servaient de Bibles annotées avec explications. Toutefois, l'Ancien Testament en langue vulgaire continuait d'être, à cette époque, pratiquement inconnu des catholiques, précisément en fonction des dangers certains présentés par sa lecture pour des fidèles peu avertis et ignorants de l'interprétation traditionnelle dans l'Église. (Les autorités ecclésiastiques avaient tenu compte de la difficulté présentée par la lecture de l'Ancien Testament, mais elles n'avaient pas réalisé que l'ignorance complète de celui-ci pouvait être tout aussi pernicieuse pour la foi.) Aussi y a-t-il eu bon nombre de conversions dans les pays anglo-saxons. Nous en avons déjà mentionnées en Angleterre. Les chiffres donnés à ce sujet semblent imprécis, car nous avons pu relever des contradictions[1]. Mais il semble en tout cas établi que la principale raison de ces conversions en Angleterre est le mariage d'une chrétienne avec un juif[2].

---

1. Par exemple, dans *Personalities and Events*, C. Roth fait état de 31 convertis en Angleterre entre 1699 et 1837 (cf. p. 140), et de 60 entre 1809 et 1816 (pp. 161-163). C. Roth ne citant pas ses sources, il n'est pas possible de déterminer le chiffre exact. De toute façon, il ne peut s'agir d'indications précises.
2. C. Roth, *Personalities and Events*, p. 161.

Nous avons vu qu'une famille anglaise convertie à la fin du XVIIIe siècle avait émigré à Safed en Palestine. Un membre d'une autre famille de prosélytes vécut aussi à Safed au début du XIXe siècle. S'agit-il d'une coïncidence ou y a-t-il relation entre les deux faits ? Nous ne le savons pas. Le converti en question portait le nom d'Abraham, fils d'Abraham notre père, et fut appelé « le Sage exalté ». Il avait abandonné tous ses biens en Occident. En 1821, les juifs de Safed organisèrent une quête au profit des indigents, quête à laquelle Abraham participa activement. Un autre prosélyte nommé également Abraham fut reconnu par la communauté juive de Safed comme une autorité rabbinique de valeur ; il vécut ensuite à Salonique où il mourut en 1870. On écrivit sur sa tombe : *La Hakham la Shalem* (au Sage parfait) [3].

La tendance judaïsante s'étendait à toute l'Europe et même aux États-Unis : elle existait partout où il y avait des communautés juives. Un bourgeois de Dantzig, du nom de David Klasen, se convertit en 1834 et partit en Palestine soutenir la cause du rassemblement du peuple juif. Il fut l'un des premiers à travailler à la culture des oranges à Jaffa [4].

Un peu plus tard, en Angleterre, Elisabeth Jeanne Caulfield professa une grande inclination pour le judaïsme. Elle était la fille unique du premier Lord Athlumney et avait épousé en 1856 James Molyneux, troisième comte de Charlemont ; elle était donc une personnalité mondaine de premier plan. Bien que de formation chrétienne, elle fréquenta les synagogues à Belfast et à Londres, et demanda souvent conseil aux rabbins de ces synagogues. A sa mort, survenue en 1882, elle était considérée comme juive [5].

Mais le cas le plus connu à cette époque est celui de Warder Cresson.

3. C. ROTH, *Personalities and Events,* pp. 164-165.
4. ID., *ibid.,* p. 165.
5. ID., *ibid.,* p. 168.

Warder Cresson (1798-1860)

Il naquit à Philadelphie dans une famille de quakers. Il chercha successivement la foi dans une multitude de sectes : shakers, mormons, millénaristes, campbellistes. Il fut d'abord fermier aux environs de Philadelphie, puis il s'associa à un certain Isaac Leeser pendant quelques années. Celui-ci était peut-être juif. En tout cas, un peu plus tard, vers 1840, Cresson fit la connaissance d'un juif érudit qui eut une grande influence sur lui. En 1844, il se décida à partir en Palestine, et il fut consul des États-Unis à Jérusalem ; il se rapprocha de plus en plus du judaïsme. Il changea de nom et se fit appeler Michael C. Board Israel ; il participa à la rédaction de journaux juifs, se lia d'amitié avec les principales familles sepharades, et combattit même les missionnaires chrétiens.

En 1848, il décida de devenir vraiment juif et d'entrer dans la communauté juive. Il se fit alors circoncire. Mais cette conversion rencontra l'opposition du Grand Rabbin de Jérusalem et du Conseil des Anciens *(Bet din)*. Nous ne connaissons pas exactement les raisons de ce refus, causes religieuses, ou bien crainte de représailles de la part des chrétiens ? Quoi qu'il en soit, Cresson retourna à Philadelphie pour mettre de l'ordre dans ses affaires. Sa femme et son fils voulurent le faire interner, ils pensaient qu'il était devenu fou. Mais il fut déclaré sain d'esprit par le tribunal. Il rentra au bout d'un an environ à Jérusalem, où il essaya d'amplifier la restauration de l'agriculture. On peut considérer Cresson comme l'un des pionniers du sionisme. En 1851, il fit paraître un livre polémique défendant le judaïsme contre le christianisme, *La Clé de David*. Pour Cresson, David était le vrai Messie. Cette croyance dénote une grande ignorance du véritable judaïsme, car elle n'a jamais été soutenue par aucun courant juif. Cresson acheva sa vie à Jérusalem comme un juif sepharade, et épousa une juive sepharade. Sans doute avait-il fait prononcer par un tribunal juif le divorce d'avec sa femme américaine, à moins que celle-ci ne soit morte entre-temps. Il fut enterré en novembre 1869 comme un sage honoré par sa communauté[6].

Au XIXe siècle encore, nous connaissons plusieurs cas de conversions en France. Au milieu du siècle, la veuve et la fille du duc de Plaisance, officier de Napoléon, s'intéressèrent au judaïsme ; la duchesse mourut en 1855 en léguant sa fortune, qui était considérable, pour la restauration du peuple juif en Palestine et l'érection d'un nouveau temple au Dieu d'Israël.

Dix ans plus tard, à l'occasion de son mariage, une actrice qui était aussi danseuse, poétesse et quelque peu aventurière, Adha Isaacs Menken, se convertit au judaïsme après lui avoir manifesté pendant plusieurs années un grand intérêt. Elle avait été la maîtresse d'Alexandre Dumas, et fut l'amie de nombreux écrivains libéraux, dont Dickens, Charles Reade et Victor Hugo. On dit qu'elle prononça un sermon dans la vieille synagogue de La Nouvelle-Orléans (ce qui paraît peu probable, car il n'est pas d'usage que les femmes prennent la parole dans les synagogues). Elle observait le sabbat. Un rabbin se trouvait près d'elle lors de sa mort survenue quelques années après son retour en France. Elle fut enterrée selon le rite juif au cimetière du Père-Lachaise à Paris[7].

Un autre cas est signalé en France, mais il est assez particulier. Simon Deutz était le fils du Grand Rabbin de France ; il se convertit au christianisme vers 1830, et suivit donc l'évolution inverse de celles que nous étudions. Il est connu surtout pour avoir participé à l'arrestation de la duchesse de Berry. Il semble qu'il retournât ensuite au judaïsme, mais on ne connaît les raisons ni de sa première conversion, ni de sa rétractation[8]. Son cas se rapprocherait donc plutôt de celui des

---

6. C. ROTH, *Personalities and Events,* p. 166.

7. ID., *ibid.,* p. 167.

8. ID., *The reconversion of Simon Deutz,* dans *The Journal of Jewish Studies,* vol. XVII, 1966, p. 83. Z. ZATJOWSKI, Simon DEUTSCH *(sic), A traitor or French Patriot ?,* dans *The Journal of Jewish Studies,* vol. XVI, 1965, pp. 53-60.

marranes, avec la différence que sa conversion au christianisme fut volontaire. Il semble que son évolution spirituelle soit connue uniquement parce que Deutz joua un rôle politique.

Un cas plus caractéristique existe en Allemagne. L'écrivain allemand Nahida Ruthi Lazarus devint juive. Elle aussi était une personnalité connue. En effet, elle était journaliste et écrivit en outre des nouvelles. Elle épousa d'abord un chrétien, et se convertit au judaïsme après la mort de son mari. Comme elle épousa ensuite le philosophe Moritz Lazarus, on peut se demander dans quelle mesure elle ne devint pas juive pour faciliter ce mariage : de nombreux cas de conversion ont lieu pour cette raison spéciale. Toutefois, il y eut certainement aussi chez Nahida Ruthi Lazarus une évolution spirituelle qu'elle retraça dans son autobiographie *Ich suchte Dich (Je te cherchais)* (1898). Esprit rationaliste, elle était séduite surtout par la simplicité du judaïsme et l'absence de dogmes précis ; elle fut gagnée peu à peu au judaïsme libéral. Avant son autobiographie, elle avait écrit plusieurs ouvrages en langue allemande : *Das Gebet in Bibel und Talmud* (La prière dans la Bible et le Talmud) (1892), *Kulturstudien über Judentum* (1893) (Études culturelles sur le judaïsme), *Humanität in Judentum* (L'humanité dans le judaïsme) (1894). Ces livres obtinrent un grand succès, et c'est pourquoi cette conversion est connue[9]. Mais il est probable que beaucoup d'autres demeurent ignorées.

La tendance judaïsante continuait à régner aussi dans l'est de l'Europe. A la fin du XIXe siècle, une Russe de religion orthodoxe, Elisheva Stirkow, née à Rjosan, alla vivre à Moscou où elle entra en relation avec le milieu juif. C'était une femme cultivée. Elle apprit l'hébreu et le yiddish, et traduisit en russe de nombreuses œuvres juives, en particulier des ouvrages de Jehudah ha Levi

9. C. ROTH, *Personalities...*, p. 168.

et de Bialik. Elle écrivit en hébreu des poèmes qui sont considérés comme très beaux. Elle finit par embrasser le judaïsme, puis partit en Palestine comme l'avait fait Cresson ; elle vit la naissance de l'État d'Israël puisqu'elle ne mourut qu'en 1949 [10].

Au XVIIe siècle, nous avions rencontré une secte judaïsante, les sabbatariens, qui existait en Transylvanie [11]. Est-ce la même secte qui se trouvait en Russie au XIXe siècle ? Cela semble peu probable : on a seulement donné le même nom de sabbatariens *(sabbotnicki)* à des gens observant le sabbat et, d'une manière générale, tous les rites vétéro-testamentaires. Ils furent atrocement persécutés par le régime tsariste, très dur envers les juifs comme nous l'avons déjà constaté. Beaucoup de sabbatariens furent déportés au Caucase et en Sibérie. Peu à peu, ils abandonnèrent toute pratique chrétienne et observèrent complètement la religion juive. Il y eut des conversions d'individus, de communautés, de villages. Le gouvernement continua de s'y opposer, mais en vain, et le mouvement prit de l'extension. Des villages entiers de Sibérie passèrent au sabbatarisme ; ils avaient une synagogue à la place de l'église. Des juifs polonais et russes prirent contact avec eux pour leur enseigner le vrai judaïsme. On ne sait pas exactement ce qu'ils sont devenus. Toutefois, comme ils attachaient une grande importance au retour en Terre Sainte, il semble que beaucoup d'entre eux y émigrèrent, en particulier vers 1890 alors qu'il y avait des pogroms en Russie. Ils formèrent des groupes autonomes [12] en Haute-Galilée *(Rosh Pinah, Yesod ha Maalah, Mishmar ha Yarden)*. Il est probable qu'ils ont dû se fondre dans la population de l'État d'Israël.

D'autre part, nous avons vu [13] que les sabbatariens du XVIIe siècle semblent avoir laissé un noyau de descen-

---

10. C. ROTH, *Personalities...*, p. 168.
11. Cf. *supra*, p. 124.
12. C. ROTH, *Personalities...*, pp. 169-170.
13. Cf. *supra*, p. 124.

dants à Bezidul Nou, petit village de Transylvanie. Ils forment un groupe ethnique distinct que l'on appelle *Szeklers*. Eux-mêmes se dénomment : Communauté prosélyte de Jeshurun. Au début du XXe siècle, des juifs épousèrent des femmes de cette communauté. En 1940, ils devinrent hongrois, ce qui fut pour eux un désastre ; en effet, le gouvernement de l'amiral Horthy fut obligé de se soumettre aux Allemands ; les juifs et les judaïsants furent persécutés, et la synagogue des sabbatariens fut démolie. Beaucoup d'entre eux se convertirent alors à l'unitarianisme. D'autres furent déportés en 1944 au ghetto de Tirgu Mures. Certains de leurs chefs parvinrent à gagner Budapest et à faire admettre que les adeptes de la secte n'étaient pas juifs ; quelques-uns purent donc sortir du ghetto ; mais d'autres furent déportés à Auschwitz où ils périrent.

Après la guerre, Bezidul Nou revint à la Roumanie. Les survivants se déclarèrent formellement chrétiens, mais continuèrent à observer les rites juifs. Ce sont donc de véritables judéo-chrétiens. En 1960, ils commencèrent à émigrer en Israël où ils étaient à peu près cinquante en 1968. En 1969, il ne restait à Bezidul Nou que cinq familles se rattachant à l'église unitarienne. Mais ils observaient le sabbat et étaient en relations étroites avec l'État d'Israël. Beaucoup de leurs tombes à Bezidul Nou portent le chandelier juif et l'étoile de David. Il est probable que ceux qui sont partis dans l'État d'Israël s'y fondront dans le reste de la population et que cette secte disparaîtra après avoir survécu cent ou peut-être même trois cents ans, s'ils sont les descendants des sabbatariens du XVIIe siècle [14].

Même l'Extrême-Orient témoigne de l'attrait du judaïsme. Étrange est la vie de Setzo Kotzuji, qui naquit en 1899 au Japon. Il s'y convertit au christianisme dans sa jeunesse, fit des études de théologie et devint d'abord ministre presbytérien. Réfléchissant sur l'Ancien Testament, il se plongea dans l'étude du

14. *Encyclopaedia Judaica*, article « Bezidul Nou ».

judaïsme et de la langue hébraïque. En 1927, il partit continuer sa formation aux États-Unis, où il fut reçu docteur en théologie en 1931. Sa thèse, *The Origin and Evolution of the Semitic Alphabet* (L'origine et l'évolution de l'alphabet sémitique), est un ouvrage de valeur qui fut publié quelques années plus tard à Tokyo.

En effet, il retourna au Japon où il enseigna l'Ancien Testament et l'hébreu au séminaire universitaire d'Aoyama Gakum. Il publia alors une grammaire hébraïque, et fonda l'Institut de Recherche biblique de Tokyo. Il apporta un soutien efficace aux juifs russes qui arrivèrent en Corée juste avant la Deuxième Guerre mondiale. En 1943, il fit paraître un essai destiné à faire connaître l'histoire et la vie des juifs, *Yudaya-jin no Sugata*. Il semble avoir été bouleversé par les persécutions subies par les juifs pendant la guerre. La paix revenue, il continua d'abord ses travaux à Tokyo, mais en 1959 il partit pour l'État d'Israël où il devint juif et prit le nom d'Abraham. C'était une âme inquiète, sans cesse en recherche spirituelle. Il semble avoir trouvé la paix dans le judaïsme. C'est du moins ce qui ressort de son autobiographie publiée en 1968 à New York sous le titre *From Tokyo to Jerusalem*[15].

Les compagnons de San Nicandro

Depuis l'époque de la Réforme, la plupart des cas de conversion au judaïsme provenait de chrétiens protestants ou orthodoxes. Au XXᵉ siècle, deux cas retentissants concernent l'Église catholique, une conversion collective, celle du village italien de San Nicandro, et une conversion individuelle, celle du Français Aimé Pallière.

San Nicandro est un petit village au sud de Naples ; il était habité par des paysans travailleurs et pauvres. Au début du siècle, un enfant du village, Donato Manduzio, fit sa première communion comme il était d'usage. Mais Donato devait être une tête dure et, sans doute, comme Lord Gordon, un contestataire. En effet,

---

15. *Encyclopaedia Judaica,* article « Kotsuji ».

il refusa de faire un geste d'obéissance alors rituel en Italie : baiser la main du prêtre. C'était un symbole de respect envers l'Église, représentée par le prêtre. Ce refus fit scandale ; Donato fut puni et enfermé au pain et à l'eau. L'histoire fut amplifiée et eut un grand retentissement. Donato était un garçon curieux, plein de contrastes : c'était un chenapan commettant maints méfaits, mais il continuait cependant à aller au catéchisme et il s'intéressait déjà passionnément à la Bible ; il la lisait assidûment dans une *Histoire sainte* rédigée en italien et destinée aux enfants.

En 1914, l'Italie entra en guerre. Donato s'engagea. Il fut blessé à la jambe, et resta boiteux. Pendant sa longue convalescence, il lut et étudia beaucoup, en particulier des livres « pieux » selon la mode de l'époque. Quand il revint à San Nicandro, il y devint une sorte de centre d'échanges sur des questions religieuses. Il ne pouvait travailler, souffrait beaucoup et ne se déplaçait que dans une voiture d'infirme. Cependant, il se maria.

Peu après, il eut un rêve. Il vit un vieil homme porteur d'une lampe qui lui demandait d'allumer celle-ci. L'homme lui tendit une allumette, Donato alluma la lampe et une grande lumière jaillit. L'étranger s'enfuit en lui disant de tenir sa lampe bien haut, et Donato se réveilla.

Peu après, et par hasard, il acheta une Bible complète en italien, et se mit à la lire assidûment. Alerté par la femme de Donato, le prêtre vint voir celui-ci, le mit en garde contre le danger de lire la Bible, et le pria de la lui remettre. Donato refusa et protesta contre le fait que la Bible ne puisse être lue par tous [16].

Il réfléchissait de plus en plus, et buta contre le mystère chrétien fondamental : comment Dieu peut-il à la fois être un et trine ? D'autre part, il releva une contradiction d'une autre sorte : il lui apparut que la

---

16. Depuis le Concile de Trente jusqu'à l'époque contemporaine, l'Église catholique était réticente pour autoriser la lecture de l'Ancien Testament à des personnes sans formation suffisante, à cause précisément du danger pour la foi présentée par une lecture indépendante de l'interprétation traditionnelle.

charité telle qu'elle est prêchée dans l'Évangile n'est pas respectée : combien de chrétiens tendent-ils l'autre joue quand on les soufflette sur l'une ? En outre, Donato trouva de lui-même ce qui reste un argument fondamental du judaïsme : Isaïe avait prédit qu'aux jours du Messie le bonheur et la paix régneraient sur la terre ; or il n'en était rien.

Donato se mit alors à contester l'autorité du gouvernement, le pouvoir des riches, la puissance de l'Église. Il découvrit que dans l'Ancien Testament il n'était question, ni de la Trinité, ni de Jésus, ni du pape[17]. Il se mit alors à parler du peuple juif au sacristain et au cordonnier. Autour des années trente, les sectes pullulèrent en Italie. Non seulement les grandes confessions protestantes s'y développaient, mais aussi des sectes fondées sur l'Ancien Testament, comme les Témoins de Jehovah, ou les sabbatistes[18]. Donato était-il en contact avec eux, ou y avait-il seulement certaines idées « dans l'air » ? Quoi qu'il en soit, Donato et ses amis s'assemblèrent en secret pour lire la Bible et prier selon l'Ancien Testament. Ils essayaient de mettre en pratique ce qu'ils y trouvaient, et en particulier ils chômaient le samedi.

Un protestant, qui avait entendu parler des étranges idées de Donato, lui envoya son fils, un jeune garçon, pour qu'il l'instruise selon sa conception de la religion. Celle-ci se propagea et de plus en plus de gens vinrent

---

17. Il est exact qu'il n'est pas explicitement question de la Trinité. Mais de bons exégètes, à la suite de beaucoup de Pères de l'Église, soutiennent que la Trinité apparaît comme en filigrane dans l'épisode du chêne de Mambré (Gn 18,2). Toutefois, la révélation de la Trinité appartient au Nouveau Testament, et ce n'est que sous l'éclairage de la foi chrétienne qu'on peut en découvrir une « préfigure » dans l'Ancien. Il faut la foi et une certaine formation théologique et exégétique tout ensemble. Or Donato n'avait aucune notion d'exégèse. Aussi ne fait-il pas le lien entre l'annonce du Messie par les prophètes, en particulier par Isaïe, et la venue de Jésus, ni, entre autres, entre la proclamation de la primauté de Pierre (Mt 16, 17-19) et l'institution de la papauté.

18. Les sabbatistes sont une secte protestante prônant le chômage le jour du sabbat et d'autres observances de l'Ancien Testament, à l'instar des sabbatariens.

à ses réunions de prières et de lecture. Un étranger de passage, sans doute un juif, lui apprit alors qu'il existait encore des juifs, ce qu'ignorait Donato ; cet étranger lui donna l'adresse du Grand Rabbin de Rome. Dolato lui écrivit alors une lettre gauche et maladroite dont le texte nous est parvenu [19] :

> Très sainte et respectée Excellence, Rabbin suprême et sacré de tous les juifs d'Italie :
>
> C'est avec crainte et respect que je Vous envoie cette lettre, parce que peut-être vous nous considérez très impertinents de nous adresser directement à vous et peut-être vous serez surpris de lire toutes nos fautes.
>
> Croyez, Excellence, que c'est seulement notre foi indestructible dans la vérité et dans la justice qui nous donne le courage de mettre ces mots sur le papier. Mais peut-être devons-nous commencer par le commencement et nous présenter. Alors nous sommes une communauté de paysans ignorants qui habite San Nicandro, dans la région du Gargano. Assoiffés de vérité et de savoir, depuis des années nous avons erré dans l'obscurité dans laquelle nous étions nés. Mais Dieu Tout-Puissant, qui voit et sait tout, a eu pitié de nous. Il y a quatre ans, il nous envoya la lumière. C'est-à-dire, il nous donna la Sainte Bible, et un homme qui sait lire et écrire et qui nous l'enseigne. C'est lui-même qui vous écrit aujourd'hui au nom de nous tous.
>
> Alors, aussitôt après avoir commencé à étudier le Livre Sacré, nous avons compris que tout ce qui nous avait été enseigné à l'église était un amas de mensonges. Nous avons compris que l'unique peuple qui connaissait le Dieu de vérité était le peuple d'Israël qui vivait autrefois dans la Terre Promise. Aussi avons-nous décidé de nous séparer des païens au milieu desquels nous vivions, fussent-ils nos parents et nos pères, pour suivre les enseignements de Moïse le Chef.
>
> Maintenant, nous arrivons à la partie la plus difficile. Même si vous avez eu la patience de lire jusque-là, certainement maintenant vous vous fâcherez contre nous.

---

19. Cette lettre est publiée intégralement dans Pinchas LAPIDE, *Les Compagnons de San Nicandro, ou retour aux sources,* Paris, 1961, pp. 60-61.

Parce que, dans notre stupidité et notre orgueil, pendant quatre ans, nous avions cru que tout le Peuple élu avait disparu et que nous étions les seuls fils d'Israël restés sur la terre. Mais Dieu, dans sa miséricorde, a vu notre erreur, et, hier, il a fait éclater le pneu d'une automobile qui passait par San Nicandro, et nous a envoyé un messager qui nous a parlé de Vous et nous a donné votre adresse.

Alors, nos cœurs sont devenus légers et maintenant que nous avons tout confessé, il reste peu à vous dire. Nous sommes actuellement neuf familles : douze hommes et quinze femmes ; et tous, nous désirons adopter la foi israélite si vous nous acceptez. Nous sommes bien conscients de ne pas être dignes de tant d'honneur, Excellence, mais si vous voulez bien nous dire comment nous pourrons en devenir dignes, nous sommes prêts à remplir les conditions que vous nous imposerez, quelles qu'elles soient, pour que nous puissions entrer dans le pacte d'Abraham...

Et avec ceci je signe, au nom de tous mes frères et sœurs, avec tout mon respect,

Signé : DONATO MANDUZIO
Chef de la communauté israélite de San Nicandro

Cette lettre, écrite en 1933, et que nous avons transcrite presque en entier, ne reçut pas de réponse. Mussolini était alors au pouvoir, et, s'il ne s'était pas encore mis dans l'orbite de Hitler, la situation en Italie était confuse. Manduzio écrivit une deuxième lettre au bout de quelques mois ; il n'obtint pas davantage de réponse. Donato fit porter au Grand Rabbin par un messager une troisième missive en 1934. Cette fois, il eut satisfaction et reçut une lettre, mais celle-ci était très réservée. Le Grand Rabbin ne voulait pas s'engager. Après quelques mots de félicitations, il écrivait :

... Toutefois, mon devoir est de vous faire remarquer avant tout, bien que ce soit vraiment un honneur d'être juif, que c'est pourtant loin d'être facile[20]. Comme juif,

---

20. Nous sommes en 1934. Hitler est au pouvoir en Allemagne et Mussolini en Italie. Dans ce pays, il n'y a pas encore d'antisémitisme officiel, mais les fascistes admirent le régime allemand.

vous serez soumis à des préjugés, à des antipathies et à des animosités auxquels jusqu'alors vous êtes certainement restés étrangers. D'autre part, les principes de la foi juive sont nombreux et sévères... Aussi, je vous demande d'attendre trois ans et de vous préparer dans la méditation à ce passage[21].

Le Grand Rabbin ne manifesta donc guère d'enthousiasme, et il voulait éprouver la foi de ces nouveaux adeptes du judaïsme qui devaient être pour lui un sujet d'étonnement. Il ne devait pas envisager sans inquiétude les répercussions possibles, pour sa communauté et pour lui-même, d'une conversion collective de chrétiens.

Cependant, Donato et ses amis persévéraient dans la même voie. Lors de la fête patronale de San Nicandro, ils se tinrent à l'écart du reste de la population, à l'exception des jeunes. Les habitants du village s'émurent et s'indignèrent même de ce comportement anormal, mais les disciples judaïsants firent de plus en plus d'adeptes.

Le Grand Rabbin leur envoya des livres, des châles de prière et des bibles. Donato les distribua, et il donna à chacun de ses disciples un nom hébreu. Il fut alors accusé de tenir des réunions illicites : on était en pleine dictature fasciste. Un gendarme communiqua à Donato l'adresse d'un avocat qui devait le défendre ; mais celui-ci était en réalité un escroc[22] qui n'essaya pas même d'obtenir une autorisation de réunion ; Donato fut condamné et dut payer une amende. Ces difficultés le plongèrent dans le désespoir.

Il eut alors un nouveau rêve dans lequel il était appelé Lévi et était brûlé pour sa foi (ce qui n'eut pas lieu, fort heureusement !). Mais ses affaires n'avançaient guère. En effet, peu de temps après, il reçut une lettre de la communauté juive de Naples l'informant qu'elle ne pouvait rien faire pour les disciples en ces temps troublés : Mussolini commençait à se rapprocher de Hitler et à suivre la politique de celui-ci.

---

21. P. Lapide, ouvrage cité, p. 66.
22. Telle est du moins l'opinion de P. Lapide.

Donato répondit qu'il était juif comme Abraham, qui, lui aussi, avait d'abord été païen.

> Maintenant, notre temps est venu de nous réunir à la lignée de notre famille des Fils d'Israël et de réclamer nos droits de naissance. Tout cela m'a été révélé en songe par l'Éternel Notre Seigneur.

Et il signa : Manduzio-Levi[23].

Il reçut alors la visite d'un envoyé du Grand Rabbin de Rome qui était sans doute en contact avec la communauté de Naples au sujet des habitants de San Nicandro. Cet envoyé était le président des communautés juives d'Italie ; il remit à Donato de l'argent en remboursement de l'amende payée au tribunal, et lui fit cadeau d'une *Histoire du peuple juif.*

Un garçon de la secte était amoureux d'une jeune fille catholique. Donato lut à celle-ci l'histoire de Ruth et l'incita à devenir juive pour que le mariage puisse avoir lieu. On raconte que Manduzio aurait effectué une guérison miraculeuse. Mais Pinchas Lapide, juif lui-même, qui est notre seule source à ce sujet, n'avance aucune preuve de ce fait qui n'a laissé nulle trace.

A Pâques de l'année 1937, les judaïsants de San Nicandro achetèrent des agneaux blancs, dressèrent un autel et les sacrifièrent. Le fait montre la grande ignorance du groupe en ce qui concerne les rites juifs actuels : le sacrifice de l'agneau pascal a disparu avec le Temple... D'ailleurs, tout n'allait pas pour le mieux dans la communauté : il y eut des discussions, et même des disputes au sujet de certains rites et de la liturgie.

Peu après, les disciples reçurent des cadeaux dont l'origine était inconnue. Ceux-ci venaient probablement de juifs au courant de cette affaire mais qui, dans l'atmosphère de l'Italie à cette époque, évitaient de se manifester ouvertement. D'ailleurs, le Grand Rabbin écrivit que, précisément à cause des circonstances — l'antisémitisme se manifestait ouvertement sous la pres-

---

23. P. LAPIDE, ouvrage cité, p. 98.

sion de Hitler —, et de l'hostilité du gouvernement italien envers les juifs, il fallait attendre :

> Je me sens obligé, bien qu'avec un profond regret, de
> vous conseiller de renvoyer votre conversion à un temps
> plus propice[24].

Malgré ce refus, le Grand Rabbin fut déporté le lendemain ; ce qui n'est peut-être qu'une coïncidence. En
dépit des mots d'encouragement contenus dans la lettre
du Grand Rabbin, les gens de San Nicandro furent
consternés. De plus, Giovanni, le boulanger, qui sympa-
thisait avec eux, les prévint qu'ils risquaient d'être arrêtés et d'être mis, eux aussi, en camp de concentration.
Deux des compagnons allèrent visiter l'un de ces camps
situé dans leur région, et parvinrent par leurs démar-
ches à faire libérer un ami du Grand Rabbin, Cantoni,
qui était venu les voir peu auparavant.

La guerre arriva et amena les Allemands en Italie.
Ceux-ci voulurent faire arrêter Donato et ses amis, mais
la population parvint à les empêcher en leur soutenant
qu'il s'agissait de chrétiens et non de juifs. Les événements militaires détournèrent les préoccupations des
Allemands : en 1944, les Américains libèrent l'Italie. La
communauté de San Nicandro découvre alors l'existence
d'une brigade de soldats juifs ; elle avait été levée en
Palestine et appartenait à la VIIIe armée commandée par
le général Montgomery. Pinchas Lapide en faisait partie
lui-même, et il conte la stupeur de ces soldats lorsqu'un
enfant les accueillit par un *shalom* retentissant !

C'est alors que Donato leur conta son histoire. Pinchas Lapide demanda une permission spéciale pour
prendre contact avec cette étonnante communauté. Il lut
avec passion la vie de Donato que celui-ci appelait *Histoire de la conversion*. Lapide entendit aussi de très
beaux chants bibliques. La communauté vivait véritablement de la Bible. L'opinion de Lapide est que les convertis étaient réellement inspirés par Dieu, et il voit
dans l'histoire de San Nicandro une sorte de miracle. Il

---

24. P. LAPIDE, ouvrage cité, p. 121.

relate que Donato aurait appris dans une vision que lui et ses compatriotes auraient été d'origine juive : ils auraient été les descendants de juifs espagnols qui auraient vécu douze générations auparavant...

L'aumônier militaire de la brigade juive, un rabbin, mis au courant par Lapide, interrogea Donato avec beaucoup de méfiance : il n'y avait jamais eu semblables phénomène depuis la conversion des Khazars au VIIIᵉ siècle ! L'aumônier accepta de faire circoncire les hommes. Le 4 août 1944, vingt-huit jeunes gens furent circoncis, et le lendemain onze hommes. A partir de cette date, cet anniversaire fut célébré comme « le jour de l'Alliance ». Mais Donato mourut avant la fin de l'année 1944, et n'eut pas la possibilité de partir en Terre Sainte.

Après la guerre, les habitants juifs de San Nicandro émigrèrent dans l'État d'Israël. Ils se sont installés à Ras-el-Ahmar en Galilée, où ils se sont fondus dans la population ; ils parlent hébreu comme les autres juifs[25]. Telle est du moins l'opinion de Pinchas Lapide. Mais il donne l'impression d'avoir quelque peu brodé et d'avoir enjolivé cette histoire. Ainsi, d'après une autre source, juive elle aussi, tous les membres de la communauté ne restèrent pas à Ras-el-Ahmar, et le groupe se serait éteint ainsi[26].

Le cas de San Nicandro est évidemment très particulier. A notre connaissance, c'est le seul dans lequel les juifs eux-mêmes reconnaissent qu'il pourrait s'être manifesté une intervention divine. Nous ne nions certes pas que celle-ci soit possible. Mais il faut considérer aussi que les rêves de Donato eurent lieu alors qu'il était plongé dans l'étude de la Bible et que celle-ci l'avait incontestablement bouleversé. Donato et ses amis étaient des gens simples et peu instruits. Ils ignoraient tout des liens de l'Église avec le judaïsme vétéro-testamentaire. On les aurait sans doute profondément étonnés en leur apprenant que Jésus et Marie étaient juifs. Mis en présence des récits de l'Ancien Testament

---

25. P. LAPIDE, ouvrage cité, pp. 16-248.
26. *Encyclopaedia Judaica,* article « San Nicandro », p. 843.

qu'ils découvraient, ils ont été séduits par leur beauté, leur simplicité, et les mystères chrétiens leur parurent faux dans la mesure même où leur source profonde, qui est précisément l'Ancien Testament, leur était inconnue. Il est probable que le curé de San Nicandro avait été incapable de leur expliquer qu'en effet le judaïsme avait été la vraie religion pendant des siècles, mais qu'avec la venue du Messie une transformation profonde s'était réalisée. Les gens de San Nicandro ont cru trouver dans le judaïsme la vérité qu'ils n'avaient pas rencontrée dans le christianisme ; mais ils ignoraient totalement la nature des liens unissant les deux religions.

Aimé Pallière

Il est évident que les cas de conversion à l'époque contemporaine nous sont mieux connus que ceux des époques passées. Ainsi en est-il d'Aimé Pallière. Celui-ci est né en 1872 à Lyon dans le quartier de Fourvière. Il était de famille catholique, et sa mère était très pieuse. Il pensait avoir une vocation sacerdotale jusqu'au jour où, à 18 ans, il entra par hasard dans la synagogue de Lyon pendant l'office de Kippour. Il en fut très impressionné.

> Tout à coup, Israël m'apparaissait vivant encore de sa vie propre où rien ne trahissait la déchéance annoncée... Toute ma philosophie de l'histoire s'en trouvait bouleversée[27].

Pallière découvrait le peuple juif qu'il ne connaissait que par l'Ancien Testament,

> (le) peuple de la Bible envers qui les nations se sont montrées si ingrates et qu'elles ont abreuvé de mépris et d'injustice, sans se rappeler qu'elles avaient reçu de lui le trésor de la révélation, le peuple qui, malgré tout, a

---

27. Aimé PALLIÈRE, *Le Sanctuaire inconnu, Ma conversion au judaïsme*, Collection « Judaïsme », Paris, 1927, p. 35.

résisté et survécu... il a néanmoins subsisté pour des fins providentielles et c'est lui que j'avais sous les yeux ce jour-là[28].

Bouleversé, Pallière se mit à étudier l'hébreu, et il retourna à la synagogue par curiosité. Il se plongea alors dans la lecture d'un livre intitulé *Cérémonies et coutumes qui s'observent aujourd'huy parmi les juifs,* traduit de l'italien par Léon de Modène, rabbin de Venise, et rédigé par « le Sieur de Simonville »[29]. Il y découvrit que

> ceux qui ont composé le Nouveau Testament étant juifs, il est impossible de l'expliquer autrement que par rapport au judaïsme. La doctrine est presque la même, et pour ce qui est des mœurs, le Décalogue est commun entre nous[30]...
> Grâce à Léon de Modène, qui me décrivait fidèlement, sans intention apologétique apparente, leurs rites religieux et leur liturgie, leurs usages et les lois qui règlent leur conduite dans ses moindres détails, les juifs redevenaient pour moi un peuple bien vivant et parfaitement organisé, soumis à une discipline de sagesse assurant leur miraculeuse conservation[31].

C'est probablement à cette époque qu'il fut envoyé par son confesseur, inquiet à juste titre de ces tendances judaïsantes, au Père Augustin Lémann ; celui-ci et son frère étaient d'origine juive, convertis tous deux au catholicisme. Les frères Lémann avaient demandé au Concile Vatican I de prendre en considération la cause d'Israël[32]. Mais le Père Augustin Lémann

> ne prit pas au sérieux les craintes du confesseur.

---

28. *Op. cit.,* p. 38.

29. *Op. cit.,* p. 42. Peut-être l'auteur en question est-il Richard Simon.

30. *Op. cit.,* p. 43.

31. *Op. cit.,* pp. 44-45.

32. Ce vœu ne fut pas exaucé alors ; mais il fut repris au deuxième Concile du Vatican qui émit un texte concernant les juifs (*Nostra aetate,* 4).

En effet, il ne lui semblait pas possible que

> (qu')un jeune catholique pieusement élevé pût être à un
> degré quelconque attiré par la Synagogue [33].

Le Père Lémann, assurément, ne connaissait pas les conversions de chrétiens au judaïsme. D'autre part, ayant fait l'itinéraire inverse et découvert que le judaïsme s'était épanoui dans le christianisme, la démarche spirituelle opposée lui paraissait exclue. Quoi qu'il en soit, il ne sut pas trouver les arguments de nature à toucher Pallière. Celui-ci fait état de la « haine » du Père Lémann contre le Talmud. Le mot est sans doute trop fort. Mais alors qu'Aimé Pallière était fortement attiré par le judaïsme — peut-être parce qu'il découvrait un monde qui, jusqu'alors, lui avait été complètement étranger —, le Père Lémann tenait pour fausse l'interprétation de l'Écriture telle que la donnait le Talmud. D'ailleurs ce prêtre était mû envers les juifs par un souci profondément missionnaire. Il écrivait à Pallière :

> Je ne doute pas... que la messe ne se célèbre un jour
> en hébreu à Jérusalem, mais aujourd'hui... il nous faut
> abandonner les ténèbres de l'aveuglement pour la
> grande lumière de Rome [34].

Le Père Lémann espérait la conversion de tous les juifs, et c'est ce ce sens qu'il envisageait la célébration de la messe à Jérusalem où sont toujours restés de nombreux juifs. Sa prédication s'est accomplie, mais en un sens beaucoup plus restreint [35].

Aimé Pallière continuait à étudier l'hébreu et à lire l'Ancien Testament. C'est alors que son attention fut attirée sur le problème de l'« almah » qui avait aussi préoccupé Nicolas Antoine [36] : « Voici que la jeune fille

---

33. A. PALLIÈRE, *Le Sanctuaire...*, pp. 52-53.
34. ID., *Ibid.,* p. 54.
35. En effet, la communauté judéo-chrétienne de Jérusalem, qui groupe quelques milliers de membres, célèbre la messe en hébreu.
36. Cf. *supra,* p. 110.

(ou la jeune femme) concevra et mettra au monde un fils » (Is 7, 14). Le texte hébreu n'évoque pas la conception virginale. La foi chrétienne, déjà fortement entamée, d'Aimé Pallière, reçut un nouveau coup.

> L'édifice doctrinal de la véritable Église était lié à un problème de ce genre et reposait en somme sur une base aussi fragile : l'interprétation douteuse d'un mot hébreu.
>
> ... Le résultat le plus clair de ce travail exégétique (la lecture des prophètes en hébreu), fut de m'amener à reconnaître que les juifs avaient parfaitement raison de ne point embrasser le christianisme sur la production de preuves scripturaires aussi inconsistantes.
>
> ... Mes croyances chrétiennes... reçurent ainsi un coup décisif dont elles ne devaient plus se relever[37]... Je n'avais nullement l'impression que je perdais ma foi, mais au contraire que celle-ci s'épurait et devenait plus conforme à la religion qui fut historiquement celle de Jésus[38].

Pallière restait en contact avec le Père Augustin Lémann. Mais ces rapports eurent un résultat paradoxal :

> Monsieur Lémann, qui me rappelait toujours avec orgueil ses origines, contribuait à me faire évoluer dans ce sens.

Ce n'était sûrement pas l'intention du Père Lémann ! Mais il ne se rendait pas compte de l'attraction que le judaïsme pouvait exercer sur certains chrétiens. Il essaya bien de faire comprendre à Pallière l'économie du salut, mais en vain.

> L'idée des origines juives du christianisme, à laquelle les chrétiens ne s'arrêtent généralement pas[39] se présenta

---

37. Cette affirmation devait se révéler inexacte. En effet, comme nous le verrons, Pallière a fait retour à la foi chrétienne avant sa mort.

38. *Le Sanctuaire...*, pp. 55-57.

39. *Le Sanctuaire inconnu* (autobiographie de Pallière) a été édité en 1927. Déjà, certains exégètes étudiaient de près les origines de

vivement à mon esprit... L'abbé Augustin Lémann ne cessait de me répéter que le judaïsme est divin, — que judaïsme et christianisme sont deux phases, deux étapes, d'une seule et même religion. Or ces deux formes ne se succèdant pas, mais se juxtaposant, il y a quelque apparence de logique que les représentants authentiques de la première aient raison contre ceux de la seconde sur les points controversés [40].

Aimé Pallière ne dissimule pas le caractère rationnel de sa recherche. Mis en présence de la réalité encore vivante qu'est le peuple juif, il ne comprend pas comment cette persistance peut se concilier avec la vérité chrétienne. L'influence de l'abbé Lémann paraît avoir eu le résultat inverse de celui qui avait été recherché :

Bientôt ce juif... finit par me donner une sensation de rupture d'équilibre... parce qu'appartenant par sa race... à une plus ancienne tradition appelée à régler la nouvelle et à en corriger les erreurs, il était par droit de naissance destiné à d'autres fins [41].

La conception du judaïsme de Pallière est donc raciste. Nous sommes à la fin du XIXᵉ siècle et en France, c'est-à-dire en pleine « Affaire Dreyfus ». Celle-ci eut-elle une influence sur Pallière ? Il n'en parle pas. Mais il ne faut pas oublier que « l'Affaire » bouleversa la France pendant des dizaines d'années. Il serait donc bien improbable que Pallière n'en ait pas été affecté, et son penchant pour le judaïsme semble l'avoir conduit à un racisme projuif par opposition au racisme antisémite de beaucoup de chrétiens à cette époque. En tout cas, Pallière se sent de plus en plus attiré par le judaïsme. L'étude de l'hébreu joue un rôle important dans sa

_____

l'Église ; mais le véritable « retour aux sources » s'est effectué surtout à partir de 1945.

40. *Op. cit.,* p. 58. Il est intéressant de noter que la persistance du peuple juif pose en effet un problème à la théologie chrétienne, problème qui est encore loin d'être résolu. Nous nous permettons de renvoyer à nos ouvrages : *Judaïsme et Christianisme. Dossier patristique,* Paris, 1969, pp. 296-322 ; et *Jalons pour une théologie chrétienne d'Israël,* Paris, 1975, pp. 92-96.

41. *Le Sanctuaire...,* p. 59.

conversion. C'est alors qu'il se fabrique lui-même des « tefillim[42] ».

Sa mère, fort inquiète de l'évolution spirituelle de son fils, essaya de le détourner du judaïsme. C'est sans doute elle qui le mit en rapport avec un dominicain. Mais Pallière interpella celui-ci sur l'Inquisition : l'intolérance de cet organisme augmentait ses doutes sur la vérité de l'enseignement de l'Église.

S'éloignant de plus en plus du catholicisme, il fit alors la connaissance d'un protestant qui le mit en rapport avec l'Armée du Salut. Celle-ci eut une profonde influence sur Pallière, mais une influence éphémère. Il se rapprocha de Dieu par une sorte de « conversion » à l'Armée du Salut. Il étudia le protestantisme et envisagea même d'entrer dans l'Armée du Salut. Mais la crainte de quitter sa mère, et sans doute aussi de lui causer un grand chagrin, le retint et il n'accomplit pas son projet à ce moment-là.

Nous retrouvons chez Pallière un trait qui caractérise beaucoup de convertis dans son cas : une grande instabilité religieuse ; ce sont des âmes en quête de vérité ; n'ayant pas trouvé l'apaisement dans la religion de leur naissance, elles le cherchent ailleurs, mais le plus souvent sans le trouver davantage, et elles continuent leur recherche en tous sens. Sous l'influence de sa mère de plus en plus inquiète, Pallière fait alors une retraite à la Grande Chartreuse. On nous dit que « l'incompréhension d'un confesseur » l'en fit partir[43]. A-t-il trouvé une trop grande sévérité ? Plus probablement un jugement injuste et peut-être même antisémite : les milieux catholiques avaient alors en général cette attitude à propos de l'Affaire Dreyfus qui continuait à passionner l'opinion. Toujours est-il que Pallière, déjà très détaché

---

42. *Tefillim* (hébreu), ou *phylactères* (grec) : petits étuis contenant des passages du Pentateuque, attachés au front et au bras gauche par des lanières de cuir, que les juifs portent pendant la prière.

43. *Le Sanctuaire...*, pp. 61-97. Voir aussi Roger REBSTOCK, *Un apôtre de l'universalisme religieux. Aimé Pallière, chrétien au sein du judaïsme*, dans *Rencontre*, n° 23, 1971, t. IV, p. 200. Rebstock étant l'exécuteur testamentaire de Pallière, cet article, sur lequel nous reviendrons, est particulièrement intéressant.

de l'Église, prit fort mal les admonestations de son confesseur au lieu d'en tenir compte.

Revenant à son projet précédent, il entre à l'Armée du Salut en dépit de ses premières réserves ; mais il en sort peu après, troublé par la désunion des chrétiens. Ayant eu l'occasion de la constater de près, c'est un argument supplémentaire qui s'ajoute à ses difficultés. Le scandale de la désunion des chrétiens a troublé et trouble encore bien des âmes ; c'est un véritable contre-témoignage ressenti aussi bien par des chrétiens que par des non-chrétiens. Cependant, et peut-être précisément par un sentiment confus de l'unité et de la pérennité de l'Église catholique, Pallière lui reste attaché :

> Je ne puis parler qu'avec respect et attachement de l'Église de ma naissance.

Un événement décisif survient alors. Après avoir reçu la communion dans la chapelle des dominicains à Lyon, il prend conscience qu'il ne croit plus à la présence réelle, ni à l'Incarnation, ni à la divinité du Christ.

> Rien ne restait debout de ma foi chrétienne[44].

Toutefois, il se défend de s'être éloigné de la personne de Jésus :

> Non, l'image de Jésus ne fut pas absente de cette solennelle rencontre avec l'unique et inépuisable Vérité, mais je sentis... que la foi de Jésus dut être semblable à la mienne.
> Quand je sortis de la chapelle des dominicains, je n'étais plus chrétien..., mais juif, probablement comme Jésus l'avait été[45].

Pallière est incapable de concilier le message de l'Ancien Testament et les mystères chrétiens. Il semble que la pensée de saint Paul à ce sujet ait été impénétrable pour lui.

---

44. *Op. cit.,* p. 112.
45. *Op. cit.,* pp. 116-119.

> L'incarnation de Dieu dans un Messie et de ce Messie
> dans une forme sensible et désormais invariable, voilà
> ce que repoussait mon esprit sous l'influence incons-
> ciente de la pensée des prophètes d'Israël[46].

Pallière n'avait certainement aucune formation théologique ni exégétique, et il semble n'avoir pas trouvé, en
ce début du XXᵉ siècle, un théologien catholique capable
de lui expliquer l'évolution de l'histoire du salut conformément à la doctrine de l'Église. Quoi qu'il en soit, les
explications qui ont pu lui être données sont restées
sans influence sur lui. Il est vrai qu'à l'époque les racines juives de l'Église étaient très mal perçues. De plus,
l'ambiance générale, le positivisme, l'anticléricalisme, le
rationalisme, le modernisme ont pesé sur l'évolution de
Pallière.

Il fait alors une visite à la synagogue de Nice, probablement sous l'influence d'une famille juive dont il
avait fait la connaissance. Il découvre aussi la beauté
du culte domestique tel que le pratiquent les juifs
pieux[47]. Et il commence à envisager sérieusement
d'embrasser le judaïsme. C'est probablement par suite
de la réticence à ce sujet du Grand Rabbin de Nice que
Pallière entre en relation par lettre avec Elie Benamozegh, Grand Rabbin de Livourne, l'un des esprits les
plus éclairés du judaïsme de l'époque[48]. Benamozegh
avait des idées très particulières ; par exemple, il était
opposé par principe au prosélytisme. Pour lui, le
judaïsme étant réservé aux seuls juifs, les païens
devaient pratiquer le « noachisme », c'est-à-dire la religion monothéiste telle qu'elle était avant l'octroi de la
loi mosaïque.

Benamozegh écrivit à Pallière :

> Vous serez libre de prendre dans le judaïsme tout ce

---

46. A. PALLIÈRE, *op. cit.*, pp. 119-120.

47. R. REBSTOCK, article cité, p. 200.

48. Sur Élie Benamozegh, voir la préface rédigée par Pallière pour
l'œuvre maîtresse du rabbin de Livourne, *Israël et l'humanité,* collection « Présence du Judaïsme », 1ʳᵉ édition, Paris, 1914 ; 2ᵉ édition, 1921, pp. 7-20.

qui conviendra en fait de préceptes à votre piété personnelle, mais comme dévotion volontaire et non comme
une obligation. Si vous adoptez cette position, vous
appartiendrez véritablement au judaïsme en même temps
qu'au christianisme[49].

Benamozegh pensait qu'il ne convenait pas d'assujettir
les païens à la loi mosaïque.

> Il y a deux lois, deux règles de discipline, deux formes
> de religion en un mot : la loi laïque, résumée dans les
> sept préceptes des fils de Noë, et la loi mosaïque ou
> sacerdotale dont la Thora est le code ; la première est
> destinée à tout le genre humain, la seconde réservée à
> Israël seulement[50].

Benamozegh présente le judaïsme comme une religion
universelle, mais qui doit se pratiquer à deux niveaux,
le peuple juif demeurant distinct des païens. Il voit la
preuve de l'universalité du judaïsme dans le fait que
Jérusalem est à la fois la capitale religieuse des juifs et
des chrétiens.

> S'il en est ainsi, comment méconnaître la preuve d'uni-
> versalisme qui en résulte pour le judaïsme, puisque la
> désignation de la cité qui devait en être le centre puise
> sa raison d'être dans l'histoire de cette ville comme
> siège du monothéisme de la Gentilité ? Ainsi les deux
> religions se fondent en une seule ; le monothéisme
> mosaïque se présente comme une simple continuation du
> monothéisme antérieur, et Israël, en faisant de Jérusa-
> lem sa capitale religieuse, a maintenu le culte divin dans
> son centre traditionnel[51].

Pallière devait trouver dans cette doctrine une
réponse à son besoin d'universalisme religieux qu'il
n'avait pas su découvrir dans le catholicisme. Benamo-

---

49. Cité dans l'article de Rebstock, p. 201.
50. E. BENAMOZEGH, *Israël et l'humanité,* p. 386. Il semble que la
pensée de Benamozegh doive beaucoup à celle de Maïmonide qui
pensait que le christianisme était la voie de salut pour les païens
comme le judaïsme l'était pour les juifs.
51. E. BENAMOZEGH, ouvrage cité, p. 378.

zegh eut sur lui une influence décisive et durable. Il pensait que Pallière avait une vocation particulière :

> Et qui sait si vous n'êtes pas destiné à devenir un trait d'union entre le christianisme et le judaïsme [52].

Il n'en fut pas ainsi. Pendant plusieurs années, Pallière hésite entre les deux religions. L'influence de sa mère reste grande. Probablement sur ses conseils, il va à Rome où il est reçu au Vatican par Léon XIII ; il lui en reste une impression de « sereine grandeur ».

Benamozegh meurt à Livourne en 1900. Et Pallière écrit :

> C'est à partir de ce moment-là que je compris vraiment Elie Benamozegh... c'est-à-dire à dater de cette heure, je me suis senti vraiment son disciple [53].

En réalité, il semble bien, au contraire, que Pallière allât beaucoup plus loin que ne l'aurait désiré Benamozegh. Il s'intéresse non seulement au judaïsme, mais aussi au modernisme, alors en plein épanouissement. Il rêve d'une sorte de religion universelle à l'image de celle prônée par le rabbin de Livourne. Il commence à collaborer au journal juif *L'Univers israëlite,* et écrit en particulier un article intitulé « Elie Benamozegh et la solution de la crise chrétienne », article repris ensuite dans son autobiographie *Le Sanctuaire inconnu.*

> Toutes les réformes poursuivies actuellement au sein de la chrétienté s'opèrent dans un sens *strictement juif* [54]. Les dogmes qui s'écroulent... sont ceux qu'Israël a niés... Le retour à l'hébraïsme est la clé de la question religieuse dans le présent et l'avenir [55].

Dans la mesure où le modernisme niait la divinité de Jésus pour cependant conserver la foi monothéiste, il se

---

52. *Le Sanctuaire...,* p. 153.
53. *Op. cit.,* p. 170.
54. Souligné par l'auteur.
55. *Le Sanctuaire...,* p. 174.

rapprochait du judaïsme. L'analogie apparaissait à Pallière.

Il fit à cette époque la connaissance d'un homme qui, comme Benamozegh, devait avoir sur lui une grande influence. Il semble que Pallière fût d'un caractère assez faible et influençable alors que le Père Hyacinte Loyson avait une personnalité très marquée.

Par suite du rôle du Père Hyacinthe dans la vie de Pallière, il n'est pas inutile de camper cet étonnant personnage. D'abord prêtre de Saint-Sulpice, il entra ensuite chez les dominicains, puis chez les carmes, dont il devint le provincial. Il prêcha pendant plusieurs années à Notre-Dame de Paris ; c'était un excellent orateur qui faisait courir les foules. Mais il fit la connaissance d'une femme qu'il aima. Il avait eu auparavant certaines difficultés concernant la discipline de l'Église ; son aventure sentimentale l'incita à regimber de plus en plus contre la discipline catholique, le célibat des prêtres et la possibilité de voir définie l'infaillibilité pontificale : on était à la veille du premier Concile du Vatican (8 décembre 1869-20 octobre 1870). En 1869, le Père Hyacinthe sort de son couvent, et il prend la tête d'une campagne contre l'infaillibilité pontificale. Quand celle-ci est proclamée, le Père Hyacinthe se considère comme détaché de l'ordre des carmes. Il se marie en 1872. Mais il se veut encore catholique. Toutefois, il se rapproche en fait du protestantisme, et il est élu curé dans une paroisse de Genève en 1873. Il y institue peu à peu un culte libre, ni catholique, ni protestant. Mais le Père Hyacinthe ne perd pas l'espoir de voir résiliée l'infaillibilité pontificale pourtant définie au Concile du Vatican. Il mène ardemment campagne contre elle et fonde en 1879 à Paris une église « catholique-gallicane ». Celle-ci dura jusqu'en 1893, surtout grâce à l'appui d'amis protestants. En 1893, l'église du Père Hyacinthe est rattachée à la « Vieille Église catholique » qui s'est formée au lendemain du Concile en réaction contre l'infaillibilité pontificale. Le Père Hyacinthe voyage alors beaucoup pour essayer de propager ses idées. Il revient à Paris, où il s'efforce de prêcher une

Église universelle sans dogmes définis et sans structure institutionnelle. C'est à cette époque, en 1905, qu'il fit la connaissance de Pallière dont il devint l'ami intime. Le Père Hyacinthe mourut en 1912, en croyant chrétien, mais sans s'être réconcilié avec l'Église catholique.

L'idée dominante du Père Hyacinthe consiste à nier la validité de la hiérarchie catholique et de l'Église comme institution. En ce sens, il est très proche du protestantisme. Mais il ne veut pas quitter l'Église catholique qu'il espéra toujours réformer « de l'intérieur ». Il prêche une religion universelle sans structures définies. Il se sent proche à la fois du christianisme orthodoxe et du judaïsme[56].

Comme Pallière, et à peu près en même temps que lui, le Père Hyacinthe prend contact avec le judaïsme. De façon curieuse, il constate la décadence du judaïsme contemporain par rapport au passé, mais il croit en son avenir. Il écrit en 1904 au directeur d'une revue juive italienne :

> J'espère que cette publication répondra au nom qu'elle prend *(Revue de la Pensée et de la Vie hébraïque)*, et qu'elle ne sera pas une constatation stérile du judaïsme tel qu'il est aujourd'hui, mais une lumière sur son passé oublié et sur son avenir incompris[57].

La même année, il écrit au Grand Rabbin de Livourne, le successeur de Benamozegh en évoquant sa « grande religion ». Il lui écrit en particulier :

> Vous appartenez à la religion d'Abraham et de Moïse qui devait se conserver dans un peuple à part. Nous nous rattachons à la religion d'Adam et de Noé, restau-

---

56. Nous retraçons sommairement la vie du P. Hyacinthe d'après les trois ouvrages d'Albert Houtin : *Le Père Hyacinte dans l'Église romaine, 1827-1869,* Paris, 1920. *Le Père Hyacinthe, Réformateur catholique, 1869-1893,* Paris, 1922. *Le Père Hyacinthe, Prêtre solitaire, 1893-1912,* Paris, 1923. Voir aussi : *Du sacerdoce au mariage, Le Père Hyacinte (1867-1870),* Journal intime et lettres publiés par A. HOUTIN et P.L. COUCHOUD, Paris, 1927.

57. *Lettres inédites du P. Hyacinte Loyson* par Yoseph COLOMBO, *Nuova Antologia,* sept.-oct. 1930, vol. 273, Rome, p. 60.

rée pour l'Humanité tout entière par Jésus de Nazareth, le Messie des Nations, et prêchée *(sic)* par son disciple Paul de Tarse. Nous travaillons dans le même plan divin [58].

Il est possible que le Père Hyacinthe ait connu la pensée de Benamozegh. Peut-être était-il déjà en contact avec Pallière ? Ou bien les idées de Benamozegh étaient-elles en vogue dans les milieux modernistes que Pallière et le Père Hyacinthe fréquentaient l'un et l'autre ? Quoi qu'il en soit, il y a certainement entre eux dès l'origine une certaine similitude de pensée et de recherche.

C'est par la correspondance du Père Hyacinthe avec le Grand Rabbin de Livourne que nous connaissons le mieux ses idées sur le rôle du judaïsme :

> Ces problèmes, ni le catholique, ni le protestant, ne peuvent les résoudre ; il y faudrait quelque chose de plus ancien et de plus nouveau à la fois, de plus simple et de plus vivant. A côté et avec l'appui du judaïsme, tel que vous le concevez, comme un corps religieux à part, il faudrait que se constituât une ou plusieurs grandes Églises des Nations, empruntant au judaïsme, en dehors de ses traditions, de ses rites particuliers, tout ce qu'il a d'universel, et faisant à Jésus sa place légitime, celle du dernier et du plus grand des prophètes [59].

La pensée du Père Hyacinthe est donc syncrétiste. Il envisage la formation d'une « Église universelle », mais qui n'est pas l'Église catholique romaine à qui il reproche son autoritarisme et ce qu'on nommera soixante ans plus tard son triomphalisme. D'une certaine façon, le Père Hyacinthe est donc un précurseur. Il envisage un certain œcuménisme avant la lettre, mais en dehors de l'Église catholique en qui il ne croit plus. En revanche, il pense à un rajeunissement du judaïsme.

> Je me demande si, dans l'immense révolution dans laquelle nous sommes emportés tous, le judaïsme ne

---

58. Y. Colombo, ouvrage cité, 1930, p. 61.
59. Id., *Ibid.*, 1930, p. 62.

subira pas aussi bien que le christianisme des transformations inattendues[60].

Quelques années auparavant, en 1896, le Père Hyacinthe avait parlé, lors d'une conférence donnée à Jérusalem,

> du rapprochement des chrétiens, des israélites et des musulmans... de la cité universelle des hommes et de Dieu[61].

Il croit donc à l'instauration d'une nouvelle religion universelle, sans cadre institutionnel et sans dogmes précis. Mais la pensée du Père Hyacinthe est fluctuante. En particulier, sa position vis-à-vis de l'Église catholique a varié. Il semble bien que sa volonté de se marier — et la condamnation qui s'est ensuivie — fut la cause principale de son détachement de l'Église, plus que des raisons spécifiquement théologiques. Mais il alla jusqu'à mettre en cause à certains moments la divinité du Christ.

Tel est l'homme qui devait écrire le 9 mai 1908 au Grand Rabbin de Livourne au sujet du livre de Benamozegh en citant « (Son) excellent ami Aimé Pallière[62] ». Et en effet, une solide amitié unit les deux hommes jusqu'à la mort du Père Hyacinthe. L'idée d'une Église universelle fondée sur un certain syncrétisme, leur commune admiration pour le judaïsme, leur sympathie pour le modernisme devaient les rapprocher.

Le Père Hyacinthe fut donc loin de détourner Pallière du judaïsme. Dès le début de leurs relations, il lui écrit, le 15 juin 1905 :

> Vous êtes en réalité un chrétien judaïsant, dans le sens sérieux et pratique du mot[63].

---

60. Y. Colombo, ouvrage cité, 1930, p. 64.
61. A. Houtin, *Le Père Hyacinthe, Prêtre solitaire,* pp. 46-47.
62. *Nuova Antologia,* 1930, p. 64.
63. *Le sanctuaire...,* p. 182.

Comme Pallière, et dans la mesure où l'un et l'autre ont des doutes sur la divinité du Christ, le Père Hyacinthe croit en un monothéisme proche du judaïsme. Ensemble, ils assistent aux offices de la synagogue. Pallière se rapproche aussi des protestants ; il fait partie d'une petite assemblée interconfessionnelle groupant des catholiques attirés par les modernistes et les protestants : il s'agit donc bien des prémices de l'œcuménisme. Mais le décret de Pie X condamnant le modernisme en 1907 (Encyclique *Pascendi dominici gregis)* mit fin à ces réunions.

Pallière quitte alors Lyon pour Paris. Il publie dans *L'Univers israélite* une suite d'articles du 27 décembre 1907 au 17 avril 1908, sous le pseudonyme de Loetmol (en hébreu : l'incirconcis) et sous le titre « Lettre d'un chrétien à un israélite sur la réforme cultuelle ». Ces articles sont extrêmement curieux si l'on considère qu'ils viennent d'un chrétien : en effet, Pallière adjure les juifs de ne rien changer à leur culte et à leurs coutumes. Or, sous l'influence des idées dans l'air, certains juifs envisageaient précisément des modifications, en particulier la récitation des offices en français et non plus en hébreu. Les thèses défendues par Pallière n'ont sans doute pas été du goût de la rédaction de la revue *L'Univers israélite,* car ces articles s'arrêtent brutalement le 17 avril 1908 bien que celui paru à cette date comporte la mention « à suivre ». Or il n'y eut pas de suite.

Le jour de Kippour 1908, sa mère meurt. Elle avait été jusque-là le seul frein qui retenait Pallière au seuil du judaïsme. Mais il semble bien que ce soit les rabbins eux-mêmes qui l'ont détourné d'une conversion totale, en particulier le rabbin de Livourne, ami du Père Hyacinthe, ainsi que les rabbins de Jérusalem et de Dortmund. Pourquoi cette réticence ? Peut-être parce qu'en ce début du XXe siècle la tendance au prosélytisme a disparu du judaïsme. Crainte des conséquences ? Raisons théologiques à la suite de Benamozegh ? Personnalité de Pallière qui présentait des signes d'instabilité ? Nous ne le savons pas.

Pallière reste donc entre le judaïsme et le christianisme, mais il pratique le judaïsme et il a perdu la foi chrétienne.

> Je me refuse d'admettre... que le judaïsme eut tort de persévérer dans son attente de l'avènement messianique au lieu de le croire réalisé. Jérusalem ne pouvait pas abdiquer devant Rome et pour l'humanité qui tâtonne encore si péniblement, cette fidélité à l'Alliance divine laisse ouvertes devant nous toutes les perspectives du salut [64].

Pallière se situe donc en quelque sorte entre les deux religions. Mais il est certain que ses sympathies sont allées vers le judaïsme, et que pendant longtemps il a renié les vérités chrétiennes fondamentales ; il est donc allé plus loin qu'un syncrétisme de fait. Il ne craint pas d'afficher son attrait pour le judaïsme après la mort de sa mère. Il collabore à des revues juives, et écrit dans *L'Univers israélite* un long article sur le Père Loyson, toujours sous la signature de Loetmol [65]. Il s'agit d'un véritable panégyrique, ce qui n'est pas étonnant si l'on tient compte de la profonde amitié qui unissait ces deux hommes en recherche perpétuelle d'une vérité qu'ils ne trouvaient pas.

Il ne craint pas d'écrire :

> Le Père Hyacinthe était plus foncièrement catholique que chrétien [66].

Pallière emploie ici le mot « catholique » dans son sens originel d'universel. Il affirme, dans une revue juive :

> Non, Jésus n'est pas Dieu [67]

et, dans le même article, il montre l'actualité du Père Hyacinthe face au modernisme. Il écrit encore :

---

64. *Op. cit.,* p. 220.
65. « Le P. Hyacinthe », dans *L'Univers israélite,* 23 février 1912, pp. 749-752 ; 1er mars, pp. 783-786 ; 8 mars, pp. 813-818.
66. *Op. cit.,* 8 mars 1912, p. 813.
67. *Op. cit.,* 8 mars 1912, p. 814.

> Les israélites ont été préservés par Dieu des erreurs et difficultés qui agitent et divisent les Églises chrétiennes [68].

Ce jugement était d'ailleurs inexact car les juifs étaient eux aussi secoués par le courant moderniste. Les premiers articles de Pallière eux-mêmes en font foi puisqu'il était question de réformes au sein du judaïsme français, ce qui se traduira par une scission entre le judaïsme dit « orthodoxe », et le judaïsme libéral qui admettra les offices en français avec report du repos du samedi au dimanche.

Pendant la fin de l'année 1912, Pallière continue d'écrire dans *L'Univers israélite*. Il y publie d'abord un article intitulé « Dogme et Religion » [69]. Il ne devait pas y jouir d'une confiance totale, puisque les deux parties de son article (et elles seules) sont précédées de la mention :

> les articles signés n'engagent pas la responsabilité du journal.

En effet, la pensée de Pallière ne devait pas être approuvée par tous les juifs. Il écrivait entre autres :

> Une doctrine religieuse, c'est une certaine croyance au sujet de Dieu... Le dogme, au contraire, c'est la religion mise en formules [70].

Mais le judaïsme est plus qu'une « certaine croyance », et il est loin d'être une religion sans formules... Il semble que Pallière se soit fait une certaine idée du judaïsme, une image idéalisée comme cela se produit souvent en face d'une réalité que l'on découvre et que l'on connaît mal.

Peu avant la guerre de 1914, il se lie avec le Grand Rabbin Bauer, partisan du judaïsme libéral que Pallière

---

68. *Op. cit.*, 8 mars 1912, p. 816.
69. *Op. cit.*, 27 septembre et 4 octobre 1912.
70. *Dogme et Religion*, dans *L'Univers israélite*, 27 septembre 1912, p. 55.

avait combattu avant même qu'il soit établi. Pourquoi cette évolution ? Il nous semble que les idées de Pallière avaient dû choquer quelque peu les partisans du judaïsme orthodoxe.Ceux-ci devaient le tenir à distance, alors que le Grand Rabbin Bauer admit avec sympathie la situation étrange d'Aimé Pallière. Pendant la guerre, celui-ci voyage beaucoup, en particulier en Europe occidentale et en Afrique du Nord. Il prêche dans les synagogues et incite les juifs à conserver « la fidélité de l'héritage ». Puis il fait de même aux États-Unis. De retour en France après la guerre, il s'occupe d'un groupement de jeunes, l'Union universelle de la Jeunesse juive, et en assume la présidence un certain temps. Il devient même officiellement prédicateur adjoint de l'Union libérale israélite de Paris, et prêche dans la synagogue de la rue Copernic de 1918 à 1940 : il s'adresse aux juifs pour les convertir à Dieu.

Entre les deux guerres, il écrit plusieurs livres, brochures et articles sur le judaïsme. C'est probablement de cette époque que date une brochure intitulée *L'âme juive et Dieu,* parue sans mention de date.Il y reprend le thème de deux conférences données par lui. Il montre que le Dieu de la Révélation n'est pas le Dieu des philosophes. Il semble très influencé par la pensée de Bergson et affirme que Dieu est aussi le·fondement de la morale. Ses théories sur Dieu sont d'ailleurs parfaitement compatibles avec la religion chrétienne ; aussi étonnant que cela puisse nous paraître, il semble que Pallière ait eu en réalité de celle-ci une connaissance erronée et insuffisante. Il semble qu'il commence à apercevoir le lien qui unit les deux religions puisqu'il écrit dans cette brochure, en s'adressant aussi aux chrétiens : « Vous êtes tous juifs », et il cite à l'appui le passage du Magnificat :

> Il a porté secours à Israël son serviteur... ainsi qu'il l'avait promis à nos pères, en faveur d'Abraham et de sa descendance à jamais[71].

---

71. Citation de Lc 1, 54-55, dans *L'Âme juive et Dieu,* p. 40.

Mais il reste éloigné du christianisme.

En 1918, il fait paraître : *Jérusalem, un centre religieux pour Israël et pour l'humanité.* En 1920, *Le Judaïsme et la pensée contemporaine.* En 1921, *Le Judaïsme. Son évolution. Ses caractères distinctifs.* Il s'agit de brochures contenant surtout des généralités. C'est en 1927 que paraît *Le Sanctuaire inconnu,* qui est l'autobiographie de Pallière, et son ouvrage le plus important. La première édition est publiée avec le sous-titre *Ma « conversion » au judaïsme.* Ce sous-titre n'existe plus dans l'édition de 1950.

En 1932, il publie une brochure intitulée *Bergson et le judaïsme.* Il voit dans la pensée de Bergson un pur produit du judaïsme, alors que l'évolution du philosophe allait le mener aux portes du christianisme[72]. En 1936 paraît *Le Voile soulevé,* et en 1937, en collaboration avec Maurice Liber, *Le Livre du Sabbat, recueil de textes de la littérature juive.*

Bien entendu, la Deuxième Guerre mondiale devait bouleverser sa vie. En 1940, il part pour Lyon, pendant ou après l'exode. Il y tombe sérieusement malade. Il quitte Lyon pour Nice où il reste jusqu'à la fin de la guerre. Il collabore alors avec le rabbin de Nice à la formation religieuse de la jeunesse juive[73].

La fin de sa vie reste obscure. En effet, les seules sources que nous ayons sur lui sont juives. Or, ce qui est certain, encore que ce soit très peu connu, c'est que Pallière a terminé sa vie en chrétien : il avait retrouvé la foi de son enfance, ce qui gêne sérieusement les juifs. Il fut pris d'un grand « désir de solitude et de méditation ». Il se fixe alors près de l'abbaye de Saint-Michel-de-Frigolet, dans les environs d'Avignon. Selon certains, il n'aurait jamais abandonné complètement le catholicisme, et il s'en serait seulement rapproché davantage à la fin de sa vie. Il aurait ainsi pratiqué une « double fidélité » et vécu intégralement à la fois le judaïsme religieux et toutes les disciplines de l'Église catholique. Il se déclare

---

72. Sur l'évolution de Bergson, voir note 94.
73. R. REBSTOCK, article cité, p. 202.

mis à part, moi chrétien et catholique, pour la délivrance de ce message à Israël[74].

Quel message ? La citation est ambiguë. Il semble bien qu'à un certain moment en tout cas Pallière ait nettement abandonné le christianisme pour suivre la doctrine de Benamozegh, c'est-à-dire un judaïsme atténué à l'usage des païens, une religion où la foi au Christ Sauveur n'a pas de place. Pour Pallière, comme pour Benamozegh, il s'agit d'une religion universelle à deux degrés, qui, sur des points essentiels, n'a rien de commun avec la foi de l'Église.

Pallière mourut le 24 décembre 1949, un jour de sabbat et de vigile de Noël. Il fut enterré chrétiennement dans le cimetière de l'abbaye, ce qui semble bien prouver qu'il était revenu à la foi de ses ancêtres, sans cependant renier ouvertement son attachement au judaïsme. On récita aussi sur sa tombe les prières juives. Et, l'année suivante, il y eut un double service commémoratif, l'un à l'église et l'autre à la synagogue de la rue Copernic. L'ambivalence le suivit jusque dans la mort[75].

Les juifs continuent à le considérer comme l'un des leurs et à l'admirer profondément. On vante sa sincérité, son humilité. On le considère comme un prophète investi d'une mission particulière. On a même écrit à son sujet qu'il était

> la préfiguration d'une étape nouvelle vers l'œcuménisme intégral... une nouvelle espérance dans l'incessant dialogue entre l'homme et Dieu[76].

Son itinéraire est difficile à comprendre, même pour les juifs. Certains ont reproché aux rabbins de ne pas l'avoir intégré complètement au judaïsme et de l'avoir laissé « à la porte », car ils considèrent qu'il était prêt à une conversion totale[77]. Ses dernières années en particulier restent mystérieuses :

---

74. R. Rebstock, article cité, p. 203.

75. Id., *ibid.*, p. 204.

76. Id., *ibid.*, p. 206.

77. Marcel Greilsammer, *L'auteur du Sanctuaire inconnu, un méconnu, Aimé Pallière*, dans *Information juive*, janvier 1977, p. 5.

Nous avons dû respecter son désir de faire le silence autour de sa personne et de son œuvre... Trop peu compris de son vivant, pensait-il qu'insensiblement les âmes religieuses seraient mieux préparées à admettre son étrange itinéraire spirituel ? Peu de temps avant sa mort, Aimé Pallière nous écrivait, le 28 octobre 1949 : « Quelqu'un m'a dit un jour : Comment voulez-vous qu'on vous comprenne ? Par votre situation religieuse, vous êtes en avance d'un siècle ou deux »[78].

Ce jugement est-il exact ? Pallière peut-il vraiment être considéré comme un précurseur ? Nous pensons qu'une réponse positive à ces questions doit être très limitée.

Précurseur, Pallière le fut dans sa découverte du judaïsme et son admiration pour cette religion. Près d'un siècle avant que le Concile Vatican II le rappelle, il avait découvert la beauté du judaïsme. Et il avait découvert aussi le scandale de la division des chrétiens. Précurseur, il le fut aussi quand il prônait une religion universelle : il est l'un des premiers, sous l'influence du modernisme, à penser que s'établirait une religion sans dogme ni Église, fondée uniquement sur la foi au Dieu un. Or il est certain que cette idée a gagné du terrain. Mais elle était, et elle est encore, incompatible avec la conception de l'œcuménisme telle qu'elle s'est développée dans les Églises chrétiennes. Le jugement que l'on porte sur Pallière ne peut être séparé de la foi que l'on professe. Les théistes peuvent admirer sa foi au Dieu un et son désir de voir s'établir une religion universelle. Les juifs ne peuvent qu'approuver sa profonde admiration pour le judaïsme ; ils ont trouvé en lui un excellent allié. Mais, du point de vue chrétien et catholique, la position de Pallière ne peut être reçue. Il n'a pas su découvrir la nature du lien qui, selon la foi chrétienne, unit judaïsme et christianisme. Le message écrit laissé par Pallière est une apologie du judaïsme au détriment du christianisme. Il est une preuve vivante de la polémique intrinsèque aux deux religions : si le judaïsme actuel a raison, le christianisme est une religion fausse. Aussi ne peut-on dire que Pallière ait été véritablement

---

78. R. Rebstock, article cité, p. 199.

syncrétiste, comme le font certains. La vérité qu'il découvrait dans le judaïsme lui est apparue incompatible avec la foi chrétienne.

> Sans doute le christianisme, au milieu duquel nous vivons, est bâti sur le judaïsme, mais comme il possède encore d'autres écrits sacrés, sa préoccupation constante est d'établir la supériorité de ceux-ci sur ceux-là, du Nouveau Testament sur l'Ancien. De là une tendance naturelle à mésestimer, à dénigrer même comme inférieure l'autre religion sur laquelle il repose, qu'il reconnaît comme divine et que cependant, par une contradiction singulière, il prétend remplacer. Quant au judaïsme post-biblique, il le tient pour une survivance, qui n'a d'autre objet que d'attester la véracité des prophéties et il n'en connaît ni la structure ni la vie particulière[79].

Pallière critique donc violemment la position chrétienne envers le judaïsme, à la fois par rapport à l'Ancien Testament et par rapport au peuple juif qu'il avait découvert. Il a combattu vigoureusement le christianisme dans tous les écrits de sa période « judaïsante ». Pour lui,

> le monothéisme chrétien est moins pur que le nôtre[80].

Le christianisme serait surtout l'œuvre de saint Paul, qui aurait perdu la notion de la Loi. En affirmant ainsi le rôle fondateur de saint Paul, Pallière suit les modernistes de son temps. Et il est très frappant de constater que la pensée de saint Paul, et en particulier la pensée de saint Paul sur le judaïsme, lui est complètement étrangère. Rien dans son œuvre ne décèle une réelle connaissance des Epîtres pauliniennes. Il semble qu'il ne connaisse saint Paul qu'à travers Renan ou Loisy.

D'après lui, la parabole du fils prodigue[81] montrerait

---

79. A. PALLIÈRE, *Le Judaïsme. Son évolution. Ses caractères distinctifs*. Sermon prononcé au temple de l'Union libérale israélite le 17 avril 1921, sans date de parution, p. 5.
80. Entretiens donnés à l'Union libérale israélite en mai-juin 1920. *Le Judaïsme et la Pensée contemporaine*, p. 43.
81. Lc 15, 11-32.

l'inutilité d'un rédempteur. Et il a une conception de l'histoire du salut rigoureusement opposée à la conception chrétienne : non seulement il ne comprend pas que le judaïsme se soit épanoui dans le christianisme, mais encore, à la suite de Benamozegh, il pense que l'humanité et même le christianisme évoluent vers le judaïsme en qui il voit la religion finale, celle qui « récapitulerait » les autres :

> Les Églises chrétiennes s'acheminent elles-mêmes vers une conception de plus en plus conforme à la pensée juive [82].

Comme Benamozegh, il voit dans le judaïsme le type même de la religion universelle :

> Aussi, plein de confiance dans les destinées religieuses d'Israël, Elie Benamozegh travailla avec ardeur à préparer la réconciliation du christianisme et du judaïsme... Il voyait dans le christianisme et l'islamisme non pas des religions quelconques... mais un acheminement providentiel vers la constitution de cette religion universelle que les prophètes d'Israël ont annoncée pour l'humanité [83].

Ainsi donc, pour lui, christianisme et Islam dépendent du judaïsme, mais sont des religions erronées :

> Christianisme et Islam ont ajouté des croyances au judaïsme et sont en désaccord précisément sur ces croyances [84].

C'est donc bien la simplicité du judaïsme qui a séduit Pallière. En outre, et de façon qui peut sembler paradoxale, il trouve dans le judaïsme un universalisme qui lui est resté caché dans la religion chrétienne.

> Le judaïsme n'est plus une religion particulière dont il s'agit de défendre la position vis-à-vis des cultes concur-

---

82. *Le Judaïsme et la Pensée contemporaine,* p. 79.
83. Préface à *Israël et l'humanité,* p. 17.
84. *Le Judaïsme. Son évolution...,* p. 12.

rents en démontrant les erreurs de ces derniers. C'est la Religion même : toutes les autres, comme autant de manifestations spéciales répondant aux besoins des différentes races, se groupent autour d'elle dans une relation plus ou moins étroite, selon qu'elles s'écartent ou se rapprochent davantage des vérités fondamentales dont elle a la garde, et toute l'humanité se trouve ainsi religieusement organisée dans une unité très réelle, bien qu'elle implique par la nature même des choses, des diversités nombreuses et nécessaires.

Le judaïsme est le foyer, le centre de la religion universelle, et les autres cultes se trouvent rattachés à lui, et par conséquent légitimes, dans la mesure où ils sont fidèles à ses principes[85].

La religion mère reste donc la seule véritable, les autres religions monothéistes n'en étant que des déviations. La philosophie des religions chez Pallière dépend de la pensée de Benamozegh, lui-même tributaire de la Kabbale :

(Benamozegh) a même poussé la hardiesse jusqu'à montrer quelle secrète harmonie la Kabbale peut établir entre les diverses philosophies qui conçoivent Dieu chacune à sa manière et même entre les idées polythéistes et le monothéisme absolu.

... Cette théologie ésotérique, qui est pour le savant rabbin la véritable tradition dogmatique de la religion israélite, comme le Talmud en est la tradition pratique, donne ainsi un sens profond à tous les préceptes, à toutes les prières liturgiques[86].

Pallière a donc été séduit par la Kabbale et le Talmud. De ce point de vue encore, l'influence de Benamozegh est évidente :

Le culte sacerdotal aboli, un moyen nouveau devenait nécessaire pour sauvegarder la vitalité et l'origine de ce peuple. Dieu y a pourvu. Ce moyen providentiel fut le talmudisme continué par le rabbinisme... Le but parti-

---

85. Préface à *Israël et l'humanité,* p. 16.
86. *Op. cit.,* p. 14.

culier (du Talmud) qu'il a pleinement atteint, c'était la conversion d'Israël dispersé [87].

Il est assez curieux de voir Pallière accepter le bouleversement qu'a été pour le judaïsme la suppression du culte du Temple alors qu'il refusait celui apporté par le Nouveau Testament... En outre, et cela montre que sa connaissance du judaïsme ne semble pas avoir été plus complète que celle de la religion de sa naissance, il fait partir le rabbinisme de la fin de la composition du Talmud, alors que celui-ci fut constitué par les rabbins et marque l'âge d'or du rabbinisme. Enfin, le début du XXe siècle a été pour le judaïsme, surtout en Europe occidentale, un affaiblissement dans la mesure où les juifs s'assimilaient de plus en plus. La position de Pallière ressortit plus au parti pris qu'à la réalité historique.

Nous avons essayé de rendre compte de la pensée de Pallière. Nous avons dit, et les textes cités ci-dessus le montrent abondamment, que celui-ci fut d'une certaine façon un précurseur. Et pourtant, il n'a pas fait école, ni dans le judaïsme, ni dans le christianisme.

En ce qui concerne le judaïsme, sa pensée était trop teintée d'universalisme. Il voyait dans cette religion la religion universelle, ce qu'elle n'est pas. Et il est très curieux qu'il n'ait pas aperçu qu'une religion faisant une distinction entre les juifs soumis à la loi mosaïque et les païens qui n'ont à suivre que la loi noachique ne peut se dire universelle...

Pallière a été sous l'influence de deux courants de son époque, d'une part le rationalisme, et d'autre part la réaction contre l'antisémitisme antidreyfusard. Le rationalisme du début du XIXe siècle s'est traduit par toutes sortes de tendances allant de l'athéisme et de l'anticléricalisme jusqu'au modernisme. Pallière n'a pas été jusqu'à l'athéisme, mais il a été constamment en révolte contre la foi chrétienne de son enfance, et cela à cause du judaïsme. Il ne semble pas avoir étudié, ni même connu véritablement la pensée de saint Paul, et

---

87. *Le Judaïsme. Son évolution...*, pp. 11-12.

en particulier il paraît ignorer complètement le lien entre les deux Testaments tel qu'il a été explicité par les Pères de l'Église à partir de saint Paul. L'attitude de Pallière est le résultat d'une étude libre de l'Écriture, indépendante de la tradition de l'Église. Il adopte en fait vis-à-vis de la Bible une attitude protestante. Il critique grosso modo la position catholique, mais sans référence précise aux arguments qui appuient celle-ci et qu'il ne semble pas connaître. Et cela le conduit en dehors des frontières du christianisme. Pallière a été incontestablement influencé par le rationalisme de l'époque et aussi par l'anticléricalisme. Le rationalisme le conduisit à douter des « mystères chrétiens », l'anticléricalisme à rejeter l'autorité de l'Église et du pape. Nous avons constaté l'amitié qui l'a uni au Père Hyacinthe Loyson, un adversaire acharné de l'infaillibilité pontificale et même de l'autorité du pape. Le judaïsme, dans la mesure où il reconnaît un Dieu un, et non pas trine, est plus proche du rationalisme. La transcendance de YHVH se rapproche de celle du Dieu des philosophes. L'Incarnation de Jésus-Christ ne lui paraît pas compatible avec l'immuabilité et l'éternité de Dieu. Pallière s'est posé des problèmes qui sont de vrais problèmes, et l'Église de son temps était souvent dans l'impossibilité d'y répondre. Par exemple, sa connaissance du judaïsme lui permet de prendre conscience d'une difficulté concernant la notion d'éternité :

> Il n'est pas dans le judaïsme hébraïque de se livrer à des spéculations métaphysiques sur l'être en soi et les mots éternel, éternité, n'ont pas d'équivalent en hébreu [88].

Or, il est exact que le judaïsme du début du XIXᵉ siècle ne se livrait plus à des spéculations métaphysiques. Mais Pallière semble ignorer complètement Philon d'Alexandrie ou Maïmonide qui a inspiré sur de nom-

---

88. *Op. cit.*, p. 8. Pallière ne fait pas de distinction entre la foi catholique, entièrement compatible avec la conception hébraïque de l'éternité (*ad ôlam :* pour toujours, à jamais), et le concept philosophique grec d'éternité : qui n'a ni commencement, ni fin.

breux points Thomas d'Aquin. Pallière paraît avoir eu une connaissance aussi incomplète du judaïsme que du christianisme. Il bute surtout sur la pérennité de l'existence du peuple juif, et sur le problème des rapports entre celui-ci et l'Église. En cela, Pallière a dû être profondément influencé par l'antisémitisme des milieux chrétiens. Or celui-ci s'explique aussi par l'ignorance religieuse : à l'époque, l'enseignement de l'Ancien Testament était négligé et surtout dévalorisé. Pallière ne connaît pas la place exacte de cet Ancien Testament dans la doctrine chrétienne. L'Église a toujours tenu, et tient toujours, l'Ancien Testament comme inspiré. Il est la source du Nouveau qui, sans lui, serait incompréhensible. Jamais Pallière n'évoque la pensée des Pères de l'Église à ce sujet, et en particulier celle de saint Augustin.

> *In veteri testamento novus testamentum latet, et in novo testamento vetus testamentum patet.*
> (Dans l'Ancien Testament, le Nouveau Testament se cache, et dans le Nouveau Testament, l'Ancien Testament se manifeste.)

Ainsi y a-t-il bien une unité profonde dans le dessein de Dieu, si l'on veut bien admettre que la venue du Messie a apporté un bouleversement dans l'économie divine prévue de toute éternité.

Pallière est choqué du fait que l'Église tienne le Nouveau Testament pour supérieur à l'Ancien. En réalité, les deux Testaments font partie ensemble de la Révélation chrétienne. Mais l'Ancien Testament est comme le prologue du Nouveau qui est l'accomplissement de l'Ancien. C'est le Nouveau Testament qui donne la clé de l'Ancien. Le même texte est lu par l'Église et par le judaïsme, mais la signification en est différente [89].

Comme nous l'avons dit [90], l'interprétation juive de la

---

89. Sur les rapports de l'Ancien et du Nouveau Testament en ce qui concerne le peuple juif, et sur les rapports judaïsme-christianisme, nous nous permettons de renvoyer à notre livre *Jalons pour une théologie chrétienne d'Israël*.

90. Cf. notre Introduction, p. 26.

Bible est plus simple que l'interprétation chrétienne. L'interprétation juive présente, tout au moins apparemment, une certaine continuité, alors que l'interprétation chrétienne présente un double aspect qui semble contradictoire : une continuité certaine (c'est le même Dieu qui parle à travers les deux Testaments), et une rupture relative : certains aspects de l'Ancien Testament, et en particulier la loi mosaïque, n'étaient que provisoires. Ils correspondaient à l'époque antérieure à la venue du Messie, et ils ne jouaient que pour les juifs. Ils devaient disparaître lorsque serait arrivé le temps des païens, leur entrée dans le peuple de Dieu. Le judaïsme ne connaît pas cette rupture.

En outre, Pallière a été certainement choqué de la dureté de l'enseignement de l'Église sur le peuple juif. En effet, certains aspects de la pensée des Pères avaient durci le message évangélique qui n'apparaissait plus exactement sur ce point. En opposant la foi des païens à l'incrédulité des juifs, les Pères n'ont pas tenu rigoureusement la ligne du Nouveau Testament : ils n'ont pas souligné qu'à l'intérieur même du peuple juif un noyau a été fidèle. Chez les Pères, il semble que ni la Sainte Vierge, ni les Apôtres n'étaient juifs... Le Concile Vatican II a justement redressé l'enseignement de l'Église de ce point de vue.

Mais Pallière n'a pas remarqué que la tradition juive, elle aussi, comportait des problèmes. En particulier, la disparition du Temple ne marque-t-elle pas une rupture ? Même dans le judaïsme, des aspects de l'Ancien Testament ont disparu. Il n'y a plus de culte à Jérusalem ni de sacrifices. En outre, il est à souligner que le judaïsme n'a plus reconnu de prophètes après la venue de Jésus. La tradition juive n'est donc homogène qu'apparemment.

Pallière n'avait certainement qu'une instruction religieuse superficielle. Et il a été frappé de découvrir l'existence du peuple juif qu'il ne connaissait pas. Or ce peuple ne présentait pas les caractères de décadence dont l'affublait une littérature pseudo-chrétienne. Le climat de l'Affaire Dreyfus a joué un rôle de catalyseur : l'engouement de Pallière pour les juifs est la réaction d'un esprit généreux à l'antisémitisme ambiant. En outre, il est certain que l'existence du peuple juif pose un problème à bien des chrétiens. De ce point de vue, l'interrogation de Pallière reste très actuelle. La pérennité du peuple juif a-t-elle une signification, et laquelle ? La question a pris un aspect plus aigu encore depuis la formation de l'État d'Israël. Beaucoup de chrétiens se sont demandé, et se demandent encore, quelle est la signification de cet État[91]. En se posant la question de la signification de la survivance du peuple juif, Pallière était donc aussi un précurseur. Il n'a pas pu donner une réponse chrétienne à la question dans la mesure où il n'a pas compris que l'Église était « l'Israël de Dieu » (Ga 6, 16), alors que le peuple juif n'est plus que « l'Israël selon la chair » (1 Co 10, 18). Nous avons déjà remarqué qu'il semble que Pallière n'ait pas tenu compte de la pensée de saint Paul. Nous retrouvons cet aspect d'ignorance religieuse qui est la source principale des conversions de chrétiens au judaïsme.

Influencé par le rationalisme et le modernisme sur la conception de Dieu, Pallière l'a été aussi sur la conception de la religion. En effet, pour lui, la vraie religion est universelle. Mais il ne met pas dans cette conception de l'universalisme la même réalité que le catholicisme. Pour celui-ci, la vraie religion est celle qui groupe tous les hommes de tous les temps dans une même foi. Pour Pallière, à la suite de Benamozegh, le judaïsme est la vraie religion, mais il ne s'adresse qu'aux juifs ; les païens doivent avoir la foi dans le Dieu d'Israël, mais ils ont à l'honorer de façon différente. Il s'agit d'un universalisme assez vague et restant mal défini. Il semble que le christianisme et l'islam soient considérés comme des voies de salut parallèles au judaïsme. On retrouve ici la pensée de Maïmonide appliquée non seulement au christianisme mais encore à l'Islam. De ce point de vue encore, Pallière est un précurseur, mais le précurseur d'une optique qui, du point de vue catholique, ne peut être considérée que comme une erreur. En effet, on retrouve un point de vue très voisin de celui

---

91. Cf. D. JUDANT, *Jalons...*, pp. 96-97.

de Pallière chez les chrétiens qui pensent que le judaïsme est la voie de salut pour les juifs, comme le christianisme l'est pour les chrétiens. Ils reprennent ainsi à leur compte, eux aussi, la pensée de Maïmonide. Ils prétendent s'appuyer sur le chapitre XI de l'Epître aux Romains pour soutenir leur position : d'après eux, le fait même que le peuple juif subsiste, et donc le judaïsme, manifesterait la volonté divine de coexistence des deux religions.

Cette thèse est inspirée par l'influence des juifs et la méconnaissance de la doctrine des Pères de l'Église sur le judaïsme, doctrine considérée comme incitant à l'antisémitisme. Toutefois, nous pensons que cette position ne peut se concilier avec la pensée de saint Paul dans d'autres passages : pour saint Paul, la Loi correspond à une économie provisoire. La même idée se retrouve dans le chapitre VIII de l'Épître aux Hébreux. Telle a été aussi la position de toute la tradition de l'Église. Enfin, si le Concile Vatican II a clairement défini la liberté religieuse comme un principe catholique, et exprimé le désir de voir de bons rapports s'établir avec les tenants de toutes les autres religions, et en particulier du judaïsme, il a aussi déclaré nettement que seule la religion catholique est la vraie religion. Pallière semble donc avoir poussé jusqu'au bout une erreur dont il est l'un des premiers tenants. La tendance à mettre toutes les religions sur le même pied, et en particulier à placer le judaïsme à égalité avec le christianisme, reste l'un des fruits du rationalisme et du modernisme.

Si, d'une certaine façon, Pallière a été un pionnier de l'œcuménisme dans sa recherche d'une religion universelle, il a pris une option résolument incompatible avec la foi catholique. Il a été l'un des premiers chrétiens à retrouver les racines juives de l'Église qui avaient été quelque peu perdues de vue pendant des siècles, mais aussi l'un des premiers à aller trop loin et à tomber dans l'erreur inverse de l'antisémitisme. Il n'a pas craint d'abandonner le christianisme pour prôner le judaïsme. Toutefois, à la fin de sa vie, il avait retrouvé la foi de son enfance. Malheureusement, nous n'avons aucun écrit de Pallière concernant cette évolution finale, et l'on ne peut que supposer qu'il avait enfin trouvé le véritable sens des rapports entre l'Ancien et le Nouveau Testament : le judaïsme a été la vraie religion jusqu'à la venue du Messie promis à Israël, mais cette venue a fait éclater l'économie provisoire pour en instaurer une autre qui est universelle et qui trouve son expression dans le christianisme[92].

Quant au sens de la subsistance du peuple juif actuel, il faut admettre qu'il est difficile à reconnaître. Le salut d'Israël est, selon saint Paul, un mystère[93]. Dieu continue de se manifester dans l'histoire, mais nous n'avons pas la possibilité de décrypter le sens surnaturel de l'histoire actuelle du salut. Le message de l'Ancien Testament n'a été révélé que par Dieu dans le Christ. De même, le sens des événements que nous vivons, et, entre autres, celui de la subsistance du peuple juif et de l'établissement d'un État juif, ne nous sera probablement révélé qu'à la Parousie lors de la manifestation finale de Dieu.

Le cas d'Aimé Pallière illustre le danger de l'ignorance religieuse chez un chrétien intelligent et cultivé. Alors que nombre de juifs ont découvert le sens de l'histoire du salut, et reconnu, comme Bergson, que « le christianisme (était) l'épanouissement du judaïsme[94] »,

---

92. Il convient de noter que tous les écrits sur Pallière sont juifs. Et ceux-ci ne parlent que peu ou pas du tout de sa « reconversion » finale. C'est avec beaucoup de difficulté que nous avons appris les circonstances des dernières années de Pallière et de sa mort. Nous avons eu trop tard connaissance du numéro de la revue *Sens,* n° 3, 1980, sur Aimé Pallière, pour en tenir compte. Les jugements de Robert Rebstock et d'André Neher sont normaux pour desp enseurs juifs. En revanche, l'on peut s'étonner du message du Père B. DUBUY, prêtre catholique qualifiant Pallière de « vrai héritier de la pensée biblique ».)

93. Rm 11, 25.

94. Testament de Bergson. Celui-ci était chrétien de cœur et de désir au moment de sa mort. Seules les circonstances extérieures (il est mort en pleine guerre, en 1941) l'ont empêché de mettre en acte sa conviction profonde. On peut remarquer que l'itinéraire spirituel de Pallière est aussi à l'inverse de celui de Simone Weil : celle-ci voyait dans le christianisme l'épanouissement de la pensée grecque, qu'elle admirait, au détriment du judaïsme dont elle tirait son ori-

Pallière a suivi le chemin inverse, remontant ainsi le sens de l'histoire du salut. Comment a-t-il, finalement, retrouvé ce sens et redécouvert le christianisme, dans un étrange aller et retour spirituel, cela reste son secret. Mais nous avons eu l'occasion de remarquer que certains chrétiens passés au judaïsme sont ensuite revenus à leur foi primitive.

Avec Pallière, nous sommes parvenus au seuil de l'époque contemporaine. Les conversions au judaïsme continuent, nous croyons même pouvoir dire qu'elles s'amplifient. La cause principale en est le mariage mixte. C'est ainsi que des actrices de cinéma aux États-Unis sont devenues juives. En 1954, un rapport de rabbins faisait état d'environ 3 000 conversions par an aux États-Unis ; ce nombre croîtrait chaque année[95]. « D'après des personnalités très engagées dans les affaires inter-religieuses, des milliers de chrétiens des États-Unis célèbrent tous les ans le *Seder* » (repas pascal), peut-on lire dans *L'Ami d'Israël,* 1980, n° 3.

D'autre part, la formation de l'État d'Israël a vu s'élever là-bas le nombre des prosélytes. De 1948 à 1968, 2 288 prosélytes furent acceptés par les tribunaux rabbiniques d'Israël, sur 4 010 demandes. Mais la tendance au prosélytisme va en s'élargissant[96]. En effet, en Israël, les rabbins n'ont plus à tenir compte de ce qui constituait un danger pour leurs communautés et pour eux-mêmes : la crainte de représailles de la part des chrétiens.

Un problème particulier s'est posé du fait de la création de la nation juive. Un prêtre chrétien, juif d'origine, a revendiqué la nationalité juive en vertu de la « loi du retour »[97]. Elle lui fut refusée, et sa demande

---

gine. Pallière n'a pas compris que le christianisme est l'épanouissement du judaïsme comme l'avait découvert Bergson, à moins que Pallière n'ait saisi à la fin de sa vie le sens chrétien de l'histoire du salut.

95. *Encyclopaedia Judaica,* article « Prosélytes », p. 1192.

96. *Op. cit.,* p. 1192.

97. La « loi du retour » a été adoptée pour permettre à toute personne juive de s'installer dans l'État d'Israël où elle acquiert automatiquement la nationalité israélienne.

provoqua en 1970 une modification de la « loi de retour » pour éviter qu'il y ait une distinction entre nationalité et religion juive ; seuls ont droit désormais à être réintégrés de plein droit dans la nationalité israélienne ceux qui sont aussi de religion juive.

En revanche, pour assimiler les non-juifs de l'État d'Israël, le ministère des Affaires religieuses de cet État établit, en 1971, des écoles destinées à faire des prosélytes ; elles se trouvent dans les kibboutzim Saad et Levi, et les candidats y suivent des cours intensifs d'instruction religieuse. Il y a des conversions, non seulement de chrétiens, mais aussi de musulmans. Il est évident qu'en Israël les non-juifs qui désirent être assimilés le peuvent difficilement sans entrer dans la religion juive. Il semble qu'actuellement les rabbins ne fassent plus aucune difficulté pour accepter tous ceux qui désirent embrasser la loi de Moïse. Dès 1955, la *World Union for the Propagation of Jerusalem* travailla à gagner des prosélytes. Elle publie une revue intitulée *Jedion*[98].

Il semble que l'intérêt ou le mariage ne soient pas les seules raisons qui motivent actuellement des conversions. On assiste à un véritable engouement des chrétiens pour le judaïsme, engouement qui n'est pas sans danger pour une foi souvent peu solide. L'exemple de Pallière le montre. Nous savons qu'en 1977 une jeune femme était prête à passer au judaïsme près d'Orléans. Un écrivain italien, Carlo Coccioli, lui aussi séduit par le judaïsme, en vante les mérites dans ses livres, tout en attaquant sévèrement la foi chrétienne et tout particulièrement l'Église catholique. Son cas ressemble beaucoup à celui de Pallière. Nous pouvons encore citer à titre d'exemples celui d'un professeur d'exégèse, converti au judaïsme qui est retourné à son ancienne religion, celui du père d'un pasteur protestant connu, et enfin celui très caractéristique d'un exégète de l'Ancien Testament, le professeur Fohrer[99]. Le phénomène que nous avons

---

98. *Encyclopaedia Judaica,* article « Prosélytes », p. 1193.
99. Dans *Le Monde* du 24 février 1981, p. 2, Robert Sommer écrit :
   Je vois, chaque semaine, de nombreux chrétiens venir au tribunal rabbinique de Paris pour tenter de devenir juifs. Nous n'en accep-

étudié au cours des siècles continue et semble même s'intensifier. A quoi sont dues ces conversions, dans la mesure où elles sont causées par des motifs purement religieux ? C'est ce que nous allons nous efforcer d'analyser.

*

―――――――

tons pas même un sur dix, mais, le Ciel en soit loué, ceux qui, après une longue période de probation et de solides études, sont reconnus dignes d'entrer dans notre maison sont des juifs à 100 %, instruits et fidèles, croyants et pratiquants.

CONCLUSION

Nous avons vu que, tout au long de l'histoire de l'Église, depuis l'origine jusqu'à présent, des chrétiens ont été attirés par le judaïsme ; cet attrait les a souvent incités à abandonner leur propre foi. Déjà l'Épître aux Galates attirait l'attention sur ce danger.

Pourquoi la foi chrétienne est-elle mise en cause par l'influence des juifs ? Si nous analysons les raisons qui ont conduit les convertis dont nous avons étudié l'évolution — dans la mesure où ces raisons sont connues —, nous trouvons en premier lieu un élément commun à toutes ces conversions : l'ignorance préalable des liens historiques et religieux qui unissent le christianisme au judaïsme. Des chrétiens, amenés à découvrir le judaïsme, ont été saisis par sa beauté. En cela, et même du point de vue chrétien, on ne saurait leur donner tort. Le judaïsme est en effet une très belle religion. C'est une religion qui a été donnée par le vrai Dieu, qui a été la religion légitime des juifs pendant des siècles, alors que le reste de l'humanité était païen et adorait de faux dieux. Le judaïsme a été la religion de Jésus, celle de la Vierge Marie, celle des Apôtres. Le christianisme n'aurait aucune base s'il ne tirait pas ses racines du judaïsme.

Mais le message chrétien exigeait aussi de dépasser le judaïsme. Conserver ou retrouver celui-ci était un manquement à la foi. Il fallait s'en séparer. Des questions à la fois dogmatiques et historiques ont provoqué une rupture complète. C'est au XXᵉ siècle seulement, et sous la pression d'événements politiques tragiques, que l'Église a repris pleinement conscience de ses « racines ». Bien que ce lien soit très fortement marqué dans le Nouveau Testament, les chrétiens l'avaient comme perdu de vue. Peut-être cette ignorance du fondement historique de leur religion est-elle un élément de la perte de la foi chez beaucoup de fidèles actuellement. Sans l'Ancien Testament, la foi chrétienne n'a plus de sens. Comme le dit le Seigneur, il est venu « accomplir » l'ancienne Loi et les annonces des prophètes [1]. Saint Paul, l'ancien rabbin, a admirablement mis en valeur le lien entre l'ancienne et la nouvelle économie.

Mais cet aspect fondamental de la religion chrétienne a passé inaperçu chez beaucoup de chrétiens qui découvraient avec étonnement la beauté de l'Ancien Testament. Ils ont souvent été incapables de reconnaître que la foi chrétienne conserve les vérités fondamentales du judaïsme. Le dogme de l'Incarnation leur paraît incompatible avec la transcendance de Dieu. Et pourtant, le christianisme n'a rien abandonné de la tradition juive sur Dieu.

Ce qui a manqué avant tout aux chrétiens qui sont passés au judaïsme est de reconnaître dans le Seigneur Jésus le Messie annoncé à Israël par ses prophètes. Il est d'ailleurs assez curieux de remarquer que l'évolution de ces chrétiens rejoint l'attitude négative des juifs envers celui dont un juif aussi a dit qu'il était « la gloire de son peuple [2] ».

Lorsque l'Ange lui annonce qu'elle sera la mère d'un enfant mystérieux, descendant de David, la Vierge comprend qu'elle sera la mère du Messie attendu par les juifs ; Jésus lui-même proclame, quoique de façon voilée, qu'il est ce Messie. Saint Paul explique dans ses lettres comment s'est transformée l'économie divine. C'est cet aspect pourtant essentiel de leur religion d'origine que les convertis au judaïsme arrivent à méconnaître complètement. Découvrant le judaïsme, ils croient trouver en lui la vérité, alors qu'ils tiennent désormais la foi chrétienne pour une erreur.

Il est vrai, et il faut le préciser, qu'il y a une continuité entre le judaïsme vétéro-testamentaire et le chris-

---

1. Mt 5, 17.
2. Cantique de Syméon, Lc 2, 32 : « Gloire de ton peuple Israël ».

tianisme. Mais il y a aussi une antinomie entre celui-ci et le judaïsme post-christique. En effet, l'Ancien Testament est tourné vers le Christ annoncé par les prophètes alors que le judaïsme post-christique nie explicitement non seulement la divinité, mais aussi la messianité de Jésus. Et c'est dans cette mesure qu'il met en cause le fondement même de la foi chrétienne. C'est ce qu'avaient saisi les Pères de l'Église. Leur premier travail a été de dégager la foi chrétienne du judaïsme qui lui avait donné naissance. Pendant des dizaines d'années la frontière entre les deux religions n'était pas tracée. Les premiers disciples n'ont pas eu conscience d'inaugurer une nouvelle religion. Ils continuaient d'observer la Loi juive et d'aller au Temple[3]. Si Jésus est venu accomplir la Loi et les prophètes, il a aussi inauguré une ère nouvelle. Et c'est ce que les Pères de l'Église ont dû montrer. Ils ont mis en valeur l'originalité du christianisme, mais sans couper celui-ci de ses racines historiques. Ils ont maintenu avec force et conviction les liens qui unissent l'Église à Israël, le Nouveau Testament à l'Ancien. Jamais les Pères n'ont séparé les deux « temps » de l'économie divine. Pour eux, comme pour saint Paul, le christianisme n'est que l'épanouissement du judaïsme vétéro-testamentaire. Le rapport des deux Testaments est un aspect, et un aspect essentiel, du mystère chrétien. Cette considération, très profondément ancrée dans l'enseignement des Pères de l'Église[4], en particulier de saint Augustin, a été peu à peu perdue de vue à partir du XIVe siècle (elle existe encore chez Thomas d'Aquin), précisément parce que l'influence des juifs paraissait nocive pour la foi des chrétiens. Les conversions au judaïsme en témoignaient. Il s'est ensuivi une certaine rupture avec l'Ancien Testament lui-même.

Actuellement, on s'efforce de reprendre conscience de l'enracinement juif de l'Église. L'enseignement du Concile Vatican II le souligne, en particulier dans la consti-

---

3. Cf. les Actes des Apôtres.
4. Nous nous permettons de renvoyer à notre ouvrage : *Judaïsme et Christianisme. Dossier patristique,* Paris, 1969.

tution *Lumen Gentiun* et dans la « déclaration sur les juifs[5] ». Il s'agit en effet d'un aspect fondamental de la foi chrétienne.

Mais le mystère des deux Testaments est aussi un mystère de foi. C'est uniquement sous l'éclairage de la foi au Christ, le Messie d'Israël, qu'apparaît leur double lien qui, pour nos esprits humains, est contradictoire, puisqu'il y a à la fois continuité et rupture. Le Nouveau Testament accomplit l'Ancien, mais simultanément il le fait éclater. C'est sur ce mystère de foi qu'ont achoppé les chrétiens qui ont été séduits par le judaïsme. L'économie juive est plus simple, plus rationnelle. Elle est statique alors que l'économie chrétienne est dynamique. En effet, le christianisme est sorti du judaïsme selon une évolution dans le temps. Il y a une période de préparation, puis la venue du Messie, puis la période d'après cette venue, « en attendant qu'il revienne ».

Si l'on peut parler d'une authentique foi juive — l'obéissance à la Révélation de Dieu dans l'Ancien Testament —, la foi chrétienne est d'une certaine façon plus exigeante. Tout en ne s'opposant pas à la raison humaine, elle la dépasse. Elle est participation au mystère même du Christ. Croire que le Dieu de l'Ancien Testament, le Dieu dont le nom même ne devait pas être prononcé, est venu sur terre sous l'aspect d'un homme juif qui a donné sa vie pour ses frères est un mystère de foi. Mais ce mystère, qui transcende la raison humaine, ne peut être pleinement perçu que dans l'enseignement de l'Église. Si des chrétiens ont perdu la foi au Christ en lisant l'Ancien Testament, c'est parce qu'ils ont fait cette lecture à leur propre lumière, sans se soucier de l'enseignement de la communauté fondée par Jésus. Car il y a un enseignement de l'Église sur le judaïsme. S'il a fallu attendre le Concile Vatican II pour que le magistère se prononce sur les liens entre l'Église et le judaïsme post-christique,

---

5. Constitution *Lumen Gentium*, 1, 2. Déclaration *Nostra Aetate*, 4.

en revanche les rapports entre l'Église et le judaïsme de l'Ancien Testament avaient été dégagés dès l'aube du christianisme, et ont été développés ensuite selon une ligne ininterrompue. Or, il nous semble caractéristique qu'aucun des convertis au judaïsme ne semble connaître l'enseignement des Pères de l'Église. Et c'est la deuxième cause de leur évolution : en découvrant le judaïsme, ils ont été incapables de tenir « les deux bouts de la chaîne » et de conserver le lien de l'Église avec l'Ancien Testament en même temps que sa rupture avec le judaïsme post-christique.

La pensée des Pères de l'Église repose sur une donnée fondamentale basée sur l'enseignement du Nouveau Testament : l'Église est le « Nouvel Israël », le nouveau peuple de Dieu. Elle a pris la suite d'Israël. De même que le peuple juif avait été choisi par Dieu pour l'adorer et le faire connaître, de même l'Église est-elle choisie pour adorer et faire connaître le Dieu de l'Ancien Testament tel que nous l'a révélé l'enseignement de son Fils Jésus. L'Église est « l'Israël de Dieu[6] ». Cette pensée ne peut se concevoir que sous l'éclairage de la foi chrétienne. Elle est irrecevable pour le judaïsme à qui elle enlève sa propre identité. Mais elle est indispensable à une conception chrétienne de l'histoire du salut. Cette opposition est irréductible, et tient à la nature des deux religions. Elle ne peut être supprimée sans mettre en cause la foi chrétienne.

Or certains théologiens, dans le désir légitime de lutter contre l'antisémitisme et de nouer avec les juifs de bons rapports, selon l'enseignement du Concile Vatican II, refusent cette thèse de la substitution du nouvel Israël à l'ancien. Ayant découvert, eux aussi, le peuple juif et le judaïsme, ils adhèrent volontiers à la thèse selon laquelle le peuple juif resterait le peuple de Dieu, et le judaïsme une religion légitime. Ils estiment que la pensée des Pères de l'Église sur Israël est dépassée et renferme une source d'antisémitisme[7]. Cette perspective,

---

6. Ga 6, 16.
7. Tel est le reproche fait à mon livre *Judaïsme et christianisme. Dossier patristique.* Or ce livre condamne fermement, et à plusieurs

qui est contraire à la fois à l'enseignement du Nouveau Testament et à la Tradition, rend incompréhensible l'histoire du salut et met en péril la foi chrétienne. Elle prépare de nouveaux passages au judaïsme. Il reste tout aussi dangereux pour la foi chrétienne d'ignorer l'enseignement des Pères, ou même de le refuser, quand il s'agit de l'interprétation du donné révélé. En l'occurrence, on ne peut assimiler cet enseignement à une « exégèse dépassée ». Cette exégèse, dans sa conception profondément théologique de l'histoire du salut, reste valable. En revanche, il faut tenir compte des conditions historiques dans les siècles passés, et reconnaître que des expressions dures et sévères des Pères, tels que saint Jean Chrysostome, sont incompatibles avec la charité chrétienne. Celle-ci prend aujourd'hui la forme de la tolérance qui était peu répandue dans les siècles passés.

L'ignorance des racines juives de l'Église, l'ignorance des rapports entre les deux Testaments rendent la différenciation difficile entre le judaïsme et le christianisme dans un contexte païen. A l'aube de l'Église, les païens hésitaient entre les deux religions. Or, depuis le XVIIIe siècle, le développement du théisme et de l'anticléricalisme a préparé le néo-paganisme actuel. Dans ce contexte, n'a-t-on pas tendance à retrouver une image de Dieu plus « simple » que le Dieu-fait-Homme ? Plus que jamais, la conception monothéiste du judaïsme, plus vague et plus rationnelle que la conception chrétienne, est tentante pour ceux qui sont en quête d'un Dieu qu'ils ne connaissent pas.

En outre, de nombreux convertis ont été séduits par l'absence chez les juifs d'une véritable autorité religieuse, et par la simplicité du dogme, si même l'on peut parler de dogme en ce qui concerne le judaïsme. En tout cas, ce dogme ne s'exprime pas en formules précises. Et ce flou même rend le judaïsme séduisant

---

reprises, l'antisémitisme. De bons exégètes et théologiens se sont étonnés de ce reproche injuste. Cf. en particulier *Revue Biblique*, 1970, p. 309 n° 1 et 1973, p. 460.

pour certains esprits rebelles au concept d'autorité en matière religieuse. Le judaïsme ne conçoit l'autorité que sous la forme de l'autorité de la Thora et de la tradition. Mais, dans la mesure même où cette tradition n'est pas unanime — les Talmuds sont des témoins d'une grande diversité d'opinions —, cette autorité est moins rigoureuse que dans l'Église catholique. Cet aspect a incontestablement joué chez des hommes comme Pallière ou le Père Hyacinthe. Il est sans doute resté très actuel.

Si l'ignorance religieuse semble la principale cause des conversions au judaïsme, il faut préciser qu'il ne s'agit pas seulement de l'ignorance du christianisme. En effet, très souvent, les convertis ont du judaïsme lui-même une idée fausse ou incomplète. Nous en avons découvert maints exemples. Il est surtout assez curieux que, séduits par l'ancienneté de la loi de Moïse, les convertis n'en découvrent pas l'aspect rigoriste et pesant (cf. Ga 5, 1 ; Ac 15, 10 ; Jn 8, 36). Très souvent, ils idéalisent le judaïsme, surtout ceux qui le découvrent uniquement à la manière de l'Ancien Testament sans être en contact avec une communauté juive.

Une forme particulière d'ignorance religieuse est liée au mouvement moderniste. Toutefois, cette ignorance avait posé des jalons dès le XVIIe siècle. A cette époque, avec Richard Simon, s'est esquissée l'étude scientifique de la Bible. Cette étude s'est développée surtout au XIXe et au XXe siècle, mais en commençant par attaquer les principaux dogmes chrétiens (Incarnation, Résurrection, virginité de Marie). Or des travaux menés depuis le début du siècle par des chrétiens, catholiques ou protestants, ont pu faire la preuve que ces dogmes pouvaient résister parfaitement à une exégèse scientifique sérieuse à condition que celle-ci soit conduite en esprit de foi. L'exégèse ne saurait en effet se concevoir comme une science indépendante. Si elle requiert la connaissance de sciences humaines, elle a besoin aussi de la connaissance des données de la Tradition. La connaissance de la pensée des Pères de l'Église reste indispensable, même si, sur certains points, leur exégèse peut être critiquée et améliorée.

L'Écriture sacrée est maintenant étudiée de près ; on recherche l'origine de sa formation, et le sens très précis des mots employés. Ce travail a nécessité l'approfondissement de la langue grecque pour le Nouveau Testament, de l'hébreu et des autres langues sémitiques pour l'Ancien.

On s'intéresse à l'exégèse juive qui peut apporter des lumières pour une meilleure compréhension de cet Ancien Testament. Mais il serait bon de ne pas perdre de vue que, depuis la fin du Iᵉʳ siècle, l'exégèse juive est par principe antichrétienne, et que l'enseignement des Talmuds n'est pas nécessairement celui des juifs ayant vécu avant le Christ. Nous sommes actuellement en présence de deux « traditions » divergentes. Les juifs accusent les chrétiens de donner une interprétation erronée de l'Ancien Testament, mais les chrétiens peuvent faire le même reproche aux juifs dans la mesure où, pour eux, le judaïsme a subi une distorsion par suite du refus du Messie Jésus. Par rapport à l'exégète, nous nous trouvons donc toujours en face de la même tension qui existe depuis l'origine entre les deux religions. Aussi l'exégète chrétien ne doit-il jamais oublier que l'Ancien Testament ne peut se lire qu'à la lumière du Nouveau. Il est tout aussi pernicieux pour la foi chrétienne d'interpréter l'Ancien Testament selon l'optique juive post-chrétienne que de l'ignorer.

Ce même principe doit être conservé pour l'étude de l'hébreu. Il est évident que sa connaissance est indispensable pour l'étude de l'Ancien Testament, et par conséquent pour celle du Nouveau puisque celui-ci a ses racines dans l'Ancien. Il est donc fort utile de recevoir, de ce point de vue, des conseils des juifs, sous la réserve faite ci-dessus. En outre, en ce qui concerne le texte hébreu, il convient de ne pas oublier que les juifs lisent l'Écriture selon l'interprétation massorétique qui ne remonte qu'au VIᵉ siècle au plus. Toutefois, il ne semble pas que cette interprétation mette en cause des données vraiment importantes pour la foi. Elle peut cependant comporter des divergences avec le texte primitif, comme l'a prouvé la découverte des manuscrits de Qumrân dont certains diffèrent du texte massorétique.

La cause principale des conversions au judaïsme étant l'ignorance, celle-ci a joué tout particulièrement par rapport à l'abandon des observances mosaïques. D'une certaine façon, celles-ci sont de nature à éloigner de la religion juive ; nous avons vu qu'il en a été ainsi pour les païens qui ont donné la préférence au christianisme par suite de la suppression de la circoncision.

Mais d'un autre côté, il est difficile de comprendre pourquoi des commandements de Dieu, dont il est dit qu'ils ont été donnés « pour toujours », ont été ensuite abandonnés. Le problème n'est pas simple puisqu'il a été le premier auquel se soit affrontée l'Église. Il n'est possible de le résoudre qu'à la lumière de la foi chrétienne d'une part, à celui de l'enseignement de saint Paul repris par les Pères de l'Église, d'autre part. Ces observances avaient été données à titre provisoire, pour permettre le salut des juifs avant la venue du Rédempteur promis. Mais celui-ci, par son sacrifice, a rendu inutiles les prescriptions extérieures. Tel est l'enseignement de saint Paul.

Seule la foi au Messie assure le salut, à condition qu'elle passe dans la vie et que les disciples observent « la loi du Christ » du fond de leur cœur. Or cela est beaucoup plus difficile. Le légalisme est plus aisé, qui pose des limites aux obligations données par la foi. Beaucoup de chrétiens le savent : ils sont souvent tombés eux-mêmes dans ce même légalisme condamné par Jésus. Le « pharisaïsme » n'est pas resté l'apanage du judaïsme.

Dans quelle mesure les chrétiens dont nous avons constaté l'évolution n'ont-ils pas été tentés par l'application de préceptes extérieurs rigides, certes, mais somme toute plus faciles à pratiquer que la loi chrétienne de charité totale envers Dieu et envers son prochain ? La loi mosaïque est donc à la fois répulsive et attirante. Elle semble assurer le salut à meilleur compte

que les obligations chrétiennes plus exigeantes et illimi-
tées, mais rendues légères par la grâce divine (cf. Mt
11, 30). En outre, les juifs se targuent d'être restés « le
peuple élu », et le seul peuple élu. Mais nous avons vu
que les rabbins sont en désaccord sur l'application des
observances mosaïques. Certains d'entre eux dispensent
les prosélytes de ces observances : mais n'est-ce pas
alors montrer que les juifs ont l'exclusivité du salut,
ou, en tout cas, qu'il y a des degrés dans le salut ? Et
lesdits prosélytes, s'ils croient que le peuple juif reste le
peuple élu, n'ont-ils pas tendance à y adhérer de façon
aussi complète que possible ?

Une certaine jalousie, une certaine facilité, peuvent
donc expliquer l'attrait de la loi mosaïque malgré ses
inconvénients. Mais, de ce point de vue aussi, nous
retrouvons surtout l'ignorance et en particulier l'ignorance des rapports entre l'ancienne et la nouvelle loi.
La pensée de saint Thomas sur ce point est restée
méconnue [8].

De même que la loi mosaïque a pu attirer certains
chrétiens, de même, et à plus forte raison, la morale
juive. Celle-ci est plus facile à pratiquer que la morale
chrétienne, en particulier sur le plan sexuel. La conti-
nence n'est pas requise, au contraire. Il est possible,
nous l'avons vu, que cet argument ait pu jouer sur des
clercs qui supportaient difficilement leur célibat. De
même, la religion juive tolère le divorce. La morale
chrétienne étant la plus exigeante peut rebuter. Elle est
incompréhensible et impossible à pratiquer sans la foi...

Puisque la morale chrétienne est plus difficile à pratiquer, elle n'est peut-être observée que par une élite, un
« petit reste ». Mais tous les hommes restent pécheurs,
et les chrétiens n'échappent pas à cette condition. La
difficulté d'observer les commandements de Jésus se
fait sentir tout particulièrement au niveau du commandement de charité fraternelle : tu aimeras ton prochain

---

8. Cf. les traités de saint Thomas sur la loi ancienne et la loi
nouvelle, *Somme théologique,* Ia IIae, questions 98-108.

comme toi-même. D'une part, les exactions commises par les chrétiens envers les non-chrétiens, et en particulier envers les juifs, ont pu dégoûter du christianisme, d'autant plus que la cause des martyrs est attirante. D'autre part, les juifs, au contraire, donnent certainement l'exemple d'une charité fraternelle plus apparente que celle des chrétiens. Cela est dû à plusieurs causes : les communautés juives sont plus petites, tous les membres se connaissent. Les persécutions ont renforcé le sentiment de solidarité. Mais surtout, le sens de l'élection d'Israël, le sentiment d'être un peuple à part, choisi, a cimenté la charité des juifs les uns pour les autres. Il est vrai qu'ils pratiquent aussi la charité envers les non-juifs. Mais il est incontestable qu'ils font passer d'abord leurs coreligionnaires. Cette application de la charité dans la vie courante, peut-être plus apparente au niveau des petites communautés juives qu'à celui des paroisses chrétiennes, a pu jouer, surtout en connexion avec les autres causes que nous avons déterminées.

Ce sentiment d'unité qui règne à l'intérieur des communautés juives et de l'ensemble du peuple juif est d'autant plus frappant que les chrétiens, au contraire, offrent l'image de la désunion. Nous avons vu que cet argument a joué dans l'évolution d'Aimé Pallière. Aujourd'hui encore, la désunion des chrétiens est un contre-témoignage. Les chrétiens en ont pris conscience et travaillent à reconquérir cette unité perdue. Entre-temps, il est évident que la comparaison entre l'unité apparente du judaïsme et la désunion manifeste des chrétiens ne joue pas en faveur du christianisme...

Nous disons « unité apparente ». En effet, depuis la destruction du Temple (et donc à peu près depuis l'aube du christianisme), il n'y a plus d'autorité religieuse dans le judaïsme. Il y règne des courants très différents, qui ont au moins autant de divergences entre eux que n'en ont les chrétiens. Entre un juif libéral d'Europe occidentale ou des États-Unis, et un juif orthodoxe Mea-Schearim de Jérusalem, il y a au moins autant de différence qu'entre un catholique traditionaliste adepte de Mgr Lefebvre et un protestant libéral. L'unité des juifs n'est qu'apparente, d'abord, nous l'avons dit, parce que c'est seulement au niveau de chaque communauté qu'elle existe vraiment ; or un chrétien est presque toujours en contact avec le judaïsme par l'intermédiaire d'une communauté déterminée. D'autre part, la généralisation des persécutions contre les juifs dans le temps et l'espace a eu pour effet, entre autres, de les présenter comme un groupe religieux et ethnique déterminé s'opposant aux autres. Vu de l'extérieur, le judaïsme, ou le peuple juif, se présente donc comme un bloc homogène, ce qui ne correspond pas à la réalité. Enfin, actuellement, il faut noter que la résurgence d'un État juif a suscité une unité politique indéniable dans la mesure où même les juifs non sionistes soutiennent le plus souvent l'État d'Israël. Toutefois, il y a aussi des juifs opposés à cet État. De ce point de vue encore, l'unité est plus apparente que réelle. L'apparence d'unité du judaïsme s'oppose donc à la désunion ouverte des chrétiens, même si, dans la réalité, les mêmes tensions existent au niveau des deux groupes religieux.

Enfin, deux facteurs psychologiques nous semblent avoir leur rôle dans les conversions. Mais ces derniers valent pour tous ceux qui changent de religion et ne sont pas spécifiques des convertis du christianisme au judaïsme.

Il y a d'abord, de façon positive, les âmes en recherche, et en recherche d'absolu. Ne trouvant pas dans leur propre religion l'idéal vers lequel elles tendent, elles le recherchent ailleurs. De ce point de vue, la différence entre l'idéal chrétien tel qu'il ressort de l'Évangile et la façon dont il est vécu a certainement joué un rôle. Mais nous avons remarqué, surtout chez les convertis récents que nous connaissons le mieux, une certaine instabilité religieuse, et même une instabilité tout court. Lord George Gordon a été traité par Dickens de « cerveau fêlé[9] ». Pallière a envisagé d'abord d'entrer dans

---

9. Cf. p. 147.

l'Armée du Salut et de devenir protestant[10]. Il a fini par revenir au christianisme, et il est mort chrétien[11].

Toutefois, il nous paraît important de souligner qu'une seule source fait état de ce retour de Pallière au christianisme. La plupart des écrits le concernant font silence sur ce revirement final. Or presque toutes nos sources sur les autres convertis sont juives elles aussi. Si l'on se reporte au cas de Pallière, on peut donc à juste titre se demander dans quelle mesure les sources juives n'ont pas fait le silence sur les retours éventuels au christianisme de la même façon que les sources chrétiennes se taisent sur les passages au judaïsme. Dans les deux cas, il s'agit d'une attitude apologique qui nuit à la vérité historique et peut rendre celle-ci difficile à retrouver.

Au terme de cette enquête, il nous semble que pour les chrétiens une grande leçon est à tirer : une connaissance approfondie de leur religion est d'autant plus indispensable que le niveau général d'enseignement s'est développé, et que les contacts avec les « autres » sont beaucoup plus courants qu'en époque de chrétienté.

Cette connaissance de la religion chrétienne doit éviter deux excès redoutables l'un et l'autre :

— ignorer les racines juives du christianisme. Sans cette connaissance, la religion de Jésus est incompréhensible et perd sa consistance historique ;

— ne pas admettre que les contacts avec les juifs ont de tout temps été dangereux pour la foi chrétienne. Le judaïsme a donné naissance au christianisme, mais il est, pour des chrétiens, une religion périmée. C'est ce que saint Paul a déclaré avec force.

Or un excès a, en général, entraîné dans l'Église l'excès contraire. Certaines tendances judaïsantes de l'Église des premiers siècles ont engendré le marcionisme par une réaction poussée trop loin. L'antisémitisme de certains chrétiens dans les siècles passés, celui, plus

---

10. Cf. p. 172.
11. Cf. p. 185.

récent, des antidreyfusards, et surtout l'antisémitisme hitlérien ont provoqué une vigoureuse réaction des chrétiens, réaction à la fois théologique et morale. Théologique, dans la mesure où ils ont repris conscience de l'origine juive du christianisme. Morale, dans la mesure où ils ont compris que l'antisémitisme était incompatible avec la charité chrétienne et l'amour de tous les hommes demandé par Jésus.

Mais... ne peut-on pas se demander si cette réaction ne va pas quelquefois trop loin sur le plan théologique, et si certains chrétiens, emportés par la découverte du judaïsme, ne risquent pas de perdre l'équilibre ? La permanence de l'attrait du judaïsme pour les chrétiens doit être une leçon de prudence. Il est souhaitable, comme le recommande le commentaire romain de la Déclaration conciliaire sur les juifs, commentaire paru en décembre 1974, que des rapports cordiaux et amicaux s'établissent entre juifs et chrétiens. Il est utile et bon que les chrétiens aient connaissance du judaïsme qui est la religion de leur Seigneur. Mais ils doivent aussi avoir conscience que ces rapports, cette connaissance, ne vont pas sans risque pour leur foi. Celle-ci exige la fidélité au message de Jésus et la compréhension aussi complète que possible de ce message. La connaissance du judaïsme doit être un support et non pas un obstacle pour la foi chrétienne. Pour un chrétien, le « mystère d'Israël » n'est qu'un aspect du mystère du Christ.

BIBLIOGRAPHIE

OUVRAGES GÉNÉRAUX

B.J. BAMBERGER, *Proselytism in the Talmudic Period,* New York, 1968.

S.W. BARON, *Histoire d'Israël,* Paris, 1957-1961.

BASNAGE, *Histoire des Juifs depuis Jésus-Christ jusqu'à présent,* La Haye, 1716.

B. BLUMENKRANZ, *Juifs et chrétiens dans le monde occidental,* 430-1096, Paris, 1960.

W.G. BRAUDE, *Jewish Proselytism in the First Centuries of the Common Era,* Providence, 1940.

Peter BROWE, *Die Judenmission im Mittelalter und die Päpste,* Rome, 1942.

G. FOOT-MOORE, *Judaism in the First Century of the Christian Era,* Cambridge, 1954.

GRAETZ, *Geschichte der Juden,* Leipzig, 1908.

S. GRAYZEL, *The Church and the Jews in the 13th. Century,* Philadelphie, 1933.

J. JUSTER, *Les Juifs dans l'Empire Romain. Leur condition juridique, économique et sociale,* Paris, 1914.

Pinchas LAPIDE, *Les Compagnons de San Nicandro, ou retour aux sources,* Paris, 1961.

L. MARGOLIS, *Histoire du peuple juif,* Paris, 1930.

I. NEWMAN, *Jewish Influence on Christian Reform Movements,* New York, 1925.

Aimé PALLIÈRE, *Le Sanctuaire inconnu,* Collection Judaïsme, Paris, 1927.

J. PARKES, *The Conflict of the Church and the Synagogue,* Londres, 1934.

Joseph R. ROSENBLOOM, *Conversion to Judaism from the biblical period to the present,* Cincinnati, 1978.

Cecil ROTH, *A History of the Marranos,* Philadelphie, 1941. *History of the Jews in England,* Oxford, 1942. *The History of the Jews of Italy,* Philadelphie, 1946.

Personalities and Events in Jewish History, Philadelphie, 1953. *Histoire du peuple juif,* traduction française, Paris, 1957.

Abraham Léon SACHAR, *Histoire des Juifs,* traduction française, Paris, 1973.

Marcel SIMON, *Verus Israel. Étude sur les relations entre Chrétiens et Juifs dans l'Empire Romain, 135-425,* Paris, 1964.

J.C. WOLFIUS, *Bibliotheca Hebraea,* Hambourg, 1715.

ENCYCLOPÉDIES

Encyclopaedia Judaica (Articles très documentés, souvent avec bibliographie).
The Jewish Encyclopedy.

Les articles concernant la question ont été cités en notes.

TABLE DES MATIÈRES

ACHEVÉ D'IMPRIMER PAR
L'IMPRIMERIE CH. CORLET
14110 CONDÉ-SUR-NOIREAU

N° d'Éditeur : 7353
N° d'Imprimeur : 6812
Dépôt légal : 3e trimestre 1981